시조 300수로 쓰다

민살풀이춤

시산맥 시혼시조시인선 003

시산맥 시혼시조시인선 003

시조 300수로 쓰다
민살풀이춤

초판 1쇄 발행 | 2021년 11월 05일

지 은 이 | 장   욱
펴 낸 이 | 문정영
펴 낸 곳 | 시산맥사
편집위원 | 이송희 박성현 전철희 한용국
등록번호 | 제300-2013-12호
등록일자 | 2009년 4월 15일
주   소 | 03131 서울특별시 종로구 율곡로 6길 36.
           월드오피스텔 1102호
전   화 | 02-764-8722, 010-8894-8722
전자우편 | poemmtss@hanmail.net
시산맥카페 | http://cafe.daum.net/poemmtss

ISBN 979-11-6243-251-8 (03810)

값 10,000원

* 이 책은 전부 또는 일부 내용을 재사용하려면 반드시 저작권자와 시산맥사의 동의를 받아야 합니다.

* 이 도서의 국립중앙도서관 출판시도서목록(CIP)은 서지정보유통지원시스템 홈페이지(http://seoji.nl.go.kr)와 국가자료공동목록시스템(http://www.nl.go.kr/kolisnet)에서 이용하실 수 있습니다.

* 본문 페이지에서 한 연이 첫 번째 행에서 시작될 때에는 〈 표기를 합니다.

* 이 시집은 교보문고와 연계하여 전자책으로도 발간되었습니다.

민살풀이춤

장욱 시조집

일제강점기 군산 소화 권번

장금도라는 한 기생의

민살풀이춤을 시조 300수로 쓰다

■ 시인의 말

한판 춤은 끝났다.

시집이 완성되었다.

봄이 오는 길 위에서 다시 뚫어 본다. 흰 영으로 가득 차 있다. 장금도가 보이고 세상이 보이고 춤을 보았다.

시조 300수로 쓰다 『민살풀이춤』 시집은 일제강점기 군산 소화 권번 장금도라는 한 기생의 '민살풀이춤'을 시조 300수로 써서 한 권 시집으로 묶어 낸다. 그리하여 전편의 시는 장단과 춤사위라는 하나의 끈에 줄줄이 연결되어 펄럭인다.

민살풀이춤은 살풀이 장단에 맞추어 추는 살풀이춤인데, 여느 살풀이춤과 달리 명주 수건을 들지 않고 맨손으로 추는 춤이라서 민짜라는 의미로 붙여진 이름이다.

집필 방법은 〈여무(女舞), 허공에 그린 세월〉(2004년 공연)에서 연희된 장금도의 민살풀이춤을 「장금도 민살풀이춤 춤사위 분석」(서정숙, 한국예술종합학교, 2008)[1]의 논문에서 분석한 139장단 33춤사위를 바탕으로 춤사위 하나에 시 한

---

1) 논문 저자인 서정숙님에게서 이 논문 인용에 대한 사전 허락을 직접 받았음을 밝힙니다.

편을 1:1 로 대응시켜 집필하였다.

    이 시집은 총 6부로 구성되었는데, 2부 앞살풀이, 3부 자진몰이, 4부 동살풀이, 5부 뒷살풀이는 본래 연희 되는 춤의 구성이고, 1부는 춤이 시작되기 전 세월 속 그늘에 묻혀 있던 기생 장금도의 인생사를 투영해 보았다. 그리고 6부는 모든 춤이 끝나고 난 후 모든 것이 끝났다는 쓸쓸함과 생의 허무 어딘가로 춤을 보냈다는 아쉬움이 섞여 감정이 여러 빛깔로 여울져 있지만, 다시 마지막 시에서는 빈 대지 위에서 장금도 이후 또 다른 전수자가 이 춤을 고스란히 전승하기를 소망하며 새로운 무희를 형상화하였다.

    감사드릴 분이 계시다.
    이 시집을 집필하는 데 꼭 필요했던 장금도 민살풀이춤 춤사위 분석 논문의 내용을 사용할 수 있도록 흔쾌히 허락해 주신 서정숙(한국민족춤협회 이사장) 선생님께 무한한 감사를 드린다.
    장금도는 하늘에 스며들었지만, 할머니 아프지 마라 이마 짚어 주는 따뜻한 손길 같은, 어머니 외갓집 가는 가벼운 발걸음 같은, 조선의 춤 흰 빛 민살풀이춤은 영원하리라.

2021. 가을 두방정원에서 장욱

■ 차 례

시인의 말 _ 010

서시 | 장금도 민살풀이춤 _ 018

1부
- 그늘

흰빛, 부활의 그림자 _ 025

소금기둥 _ 026

잃어버린 이름 _ 027

질곡 _ 028

파도는 _ 030

수레바퀴 위에서 _ 031

매달린 여덟 식구 _ 032

불꽃 위에서 _ 033

흰, 노란, 파란 _ 034

춤마중 _ 035

신시도 전설 _ 036

흰 탑, 바람 불꽃 타올라라 _ 038

허심탄탄虛心坦坦 홀로 서라 _ 039

2부 앞살풀이
- 희고 붉은 흔들림이

인사 _ 042

흰옷 _ 043

초설初雪 _ 045

재 우에서 _ 046

섣달 동치미 _ 047

참연 _ 048

노망 할머니 _ 049

오죽烏竹, 푸른 대꽃 피다 _ 051

소지燒紙 _ 053

불꽃춤 _ 054

꽃보라 _ 055

빨래터 아낙네 손사위 _ 056

희고 붉은 흔들림이 _ 058

삐비꽃 여윈 손 _ 067

문풍지 날개 _ 068

춤집 _ 070

3부 자진몰이
- 은파에 심청연화 높이 솟아 꽃피어라

봄, 보리밭 밟기 _ 074

배밭, 가윗춤 _ 075

앞고라실 쟁기질 소리 _ 076

호밀 풋대죽 _ 077

도리깨춤 _ 078

은파에 심청연화 높이 솟아 꽃피어라 _ 079

나락 비는 날 _ 087

4부 동살풀이
- 부활은 가장 아름다운 생의 고독한 기다림

정중동靜中動 _ 092

설중홍시雪中紅枾 _ 093

달빛춤, 고요 만 리 _ 094

허수아비의 꿈 _ 095

처마 끝에 누워 _ 098

부활은 가장 아름다운 생의 고독한 기다림 _ 100

빈 빨랫줄, 투명한 뚫림 _ 105

5부 뒷살풀이

- 춤집을 태워라

춤집을 태워라 _ 108

*망월

*들불

*춤집을 태워라

6부
- 한판 춤은 끝났다

금강 철새 떼 _ 114

만경강 철다리 우에서 _ 116

한판 춤은 끝났다 _ 117

흰 하늘 꽃 _ 121

■ 집필 노트 | 쓸쓸해 보이는 그대 뒷모습이
인생의 백미가 아니겠는가 _ 123

■ 서시

장금도 민살풀이춤[2]

파란만장波瀾萬丈 위에 흰 춤이 홀로 섰다
물결 속에 세월 속에 불빛 먼 깜박거림
지상의 숨소리, 시간은 검은 고요 속에 멈추었다

제 생을 끌어안고 굳어 버린 갯바위
그늘 층층을 부수고 첫 박 신성을 친다
무겁게 양팔 들어 올려 우주 혼돈을 펴다

눈 뜨는 파도 소리 희었다 검었다
흔들리는 몸 흔들리는 마음
모든 것 버리고 다다른 흰 솟대 무심 명상

지으심을 받은 아름다운 피조물들아
물빛도 산빛도 끼륵끼륵 맑은 눈

---

2) 민살풀이춤은 손에 명주 수건을 들지 않고 맨손으로 살풀이장단에 추는 춤으로, 민짜라는 의미에서 민살풀이춤이라고 부른다. 장금도는 수건을 들면 호흡이 깨질 수 있기 때문에 수건을 들지 않는다고 한다.「장금도 민살풀이춤 춤사위 분석」(서정숙, 한국예술종합학교, 2008)

선 자리 흰 손 깨끗이 엎고 뒤집어 인사하라

동녘 붉은 아침 장엄이 큰 산 푸른 울림을 보듬고
굽이쳐 이른 군산 포구 앞바다
서편제[3] 애절한 떠돌이 한 점이 소용돌이친다

생과 사의 한가운데 흰 돛 갈아 달고
오른손 펄럭 왼손은 하늘 모서리
파도야, 부서지는 치맛자락 흰 버선 발끝 들어서라

정중동靜中動 시작도 끝도 한 줄기 호흡으로
이 땅 깊숙이 스며들어 영원으로 흘러라
이승 길 한恨도 흥興도 한판 붙어 어장나게[4] 꽃피어라

곰삭아 푸르른 가을 장맛 같은
어머니 아침 밥상 다 비운 흰 사기그릇 같은
소탈한 웃음소리로 헹군 장금도 춤가락

오는 봄 가는 봄 무심히 돌아서는
할머니들의 춤 세월의 맑은 뒤태

---

3) 정범태 : "군산 장금도 씨의 춤은 판소리로 치면 서편제라고 해야 될 것 같다." 「민
살풀이춤 명인 장금도 춤에 대한 고찰」(한국종합예술학교 한효림)
4) '결판나다'의 방언.

모정 옆 정자나무 아래 잠시 쉬었다 가는 그늘

너 안에 네가 없다 허무 위에 다시 서라
망실忘失된 유산 까마득한 춤 깃
뱃속에 판소리 다섯 바탕5)을 툭 쳐 터트려라

어깨는 수평선 이 생의 파도 끝에서
움츠러든 삶을 쭉 펴 신명 한바탕 풀어라
발끝은 바람 속에 던져 우보천리牛步千里 딛고 딛어라

춤이란 뭇 백성 핏줄 속에 흘러들어
한恨이 나면 가만 가만 흥興이 나면 능청 능청6)
나누어 주고 맺어 주고 풀어 주는 슬픈 마디들

서보지 않았는가 이승 끝 천애 고도
망심忘心 홀로 서야 저편 파도 소리 듣는다
제 한 길 깊이 소용돌이쳐야 한판 춤을 출 수 있다

남은 손 남은 마음 엎고 뒤집어라

---

5) 집안 형편이 어려워 12세에 권번에 들어가 이명곤(이기권 씨 조카)에게 단가를 먼저 배우고, 이기권(심청가), 민옥행(흥부가·적벽가·수궁가), 김준섭(심청가·춘향가) 등에게 판소리 5바탕을 배운 후 이운주(남자)에게 가야금을 배웠다.「장금도 민살풀이춤 춤사위 분석」(서정숙, 한국예술종합학교, 2008)
6)「민살풀이춤 명인 장금도 춤에 대한 고찰」(한국종합예술학교 한효림)

먹구름 질그릇 파싹 깨트려라
하늘은 빗방울도 탈탈 털어 햇빛 달빛 다시 걸어라

걸어온 길은 없다 까마득한 소멸
한 잎 한 잎 새로 돋아 다시 딛는 낯선 춤길
흰 구름 백지 위에 쭉 긁어 쓴 푸른 죽필竹筆

세상의 무게는 훨훨 벗어 버리고
일운무적逸韻無跡이면 득필천연得筆天然이라[7]
텅 비어 투명한 눈부심 영원에 이른

세상도 세월도 흰 펄럭임 사이로
눈 감았다 떴다 검었다 희었다
처음도 끝도 하나 한 점 하늘 영으로 돌아가니라

---

[7] 일운무적逸韻無跡이면 득필천연得筆天然이라 : 빼어난 소리는 그 흔적이 없고, 도를 통한 글씨는 천연에 이르는 것. 『조선명필 창암 이삼만』(김익두, 2018 문예원)

1부

그늘

　장금도는 기방 예술 전통이 살아 숨 쉬는 군산 소화권번 출신으로 권번 춤의 내력과 전통춤 학습 및 활동을 알 수 있는 전통 춤사위가 고스란히 남아 있는 춤꾼이다.

　장금도는 전북 군산시 개복동에서 태어났다. 집안 형편이 어려워 12세에 권번에 들어가 단가(이명곤), 판소리 5바탕(이기권, 민옥행, 김준섭)을 배운 후 가야금(이운주)을 배웠다. 그리고 권번장(박재호 할머니)에게서 예의범절을 배우고, 검무 포구락 화무(김백용), 승무(최창윤) 등 배운 춤을 기본으로 살풀이(도금선)를 배웠다. 장금도 민살풀이는 도금선 살풀이 맥을 이어 가면서도 자기의 춤집이 보태진 살풀이라 할 수 있다.

　일제 말기 정신대에 끌려가는 것을 피하기 위해 17살에 부여로 시집을 간다. 그 후 아들을 낳은 후 군산에서 생활하며 가족의 생계를 위해 요정, 요릿집, 잔칫집 등을 돌며 춤을 춘다.

　결국 아들이 자라면서 철이 들었을 때 춤을 작파하였다가 정범태 구히서(1983, 한국 명무전)와 진옥섭(2004, 여무)에 초청되어 세상에 나오게 되었다.

－「장금도 민살풀이 춤사위 분석」(서정숙, 2008, 한국종합예술학교)

흰빛, 부활의 그림자

부활한 자들의 가장 아름다운 그림자
흰빛, 한 숨이 어둠 속에 섰다
침묵은 고요 모서리에 서서 저를 씻는다
너머에 출렁이는 검은 강 물결
소리 없는 것들이 건너왔다 건너간다
세상의 모든 뿌리 끝이 빛을 재워 무겁다
니 마음의 공허도 거기 서면 큰 우주
눈빛 높이도 없다 생각 무량도 없다
시작은 모든 생명이 꿈틀대는 혼돈일 뿐

소금기둥

희디흰 소매 깃이 펏득 하늘 끝을 친다
어둠이 한 겹 고요를 떨어뜨린다
마음이 마음 위에서 세상을 내려온다
제 영혼 푸른 깊이까지 가을 잎 흔들리며
낡고 쇠락한 쪽마루 끝에 섰다
갈비뼈 휘파람 사이 맑은 외침 투명한 공명
시간의 벽 너머엔 결빙된 눈물 조각
침묵을 뚫고 정수리를 친다
지상 먼 땅끝을 흔들어 숨소리를 듣는다
솟는 불길 속으로 여리시 오소서
뜨겁지 않은 것은 타오르지 않는다
장단이 몸 안 가득 찰 때까지 흰 소금기둥이다

잃어버린 이름

이 땅의 바람은 지 아픈 숨소리까지
꾹꾹 삼키며 꽃잎을 떨어뜨렸다
세월도 낙화의 비명 속에 넋을 놓았다
조상께 뼈를 받아 이 땅에 번성하라
부모님 지어 주신 집 이름 숫된 글자
섦게도 봉숭아 까만 씨 마당 끝에 묻었다
기생이 되라고 팔려 간 이름 금도[1]
슬프지 마라 조선의 춤날개 펼쳐라
인당수 회오리 서해 노을도 눈시울 뜨거웠다

1) "금도라는 이상한 이름, 기생으로 팔라고 지었죠." 울면서 버텼다. 그러나 누군가는 식구들을 위해 나서야 했다. 아버지가 일찍 돌아가셔서 올망졸망한 식구들은 병든 큰오빠에게 의지하고 있었던 것이다. 1939년, 열두 살 되던 해 봄, 소화권번에 입적하였다. 『노름마치』 (진옥섭, 2008 생각의 나무)

질곡桎梏

열일곱 살 소녀
꽃 위에 뿌린 재

역사라는 강줄기
모가지를 비틀어

고랑틀[1]
발목에 채운
정신대의
질곡[2]

채송화꽃도
민들레꽃도

붉은 눈물로 맞선들
마르지 않는 시름

춤 그늘
검은 무게로
짓눌러

덮어 놓고

간다 간다 시집간다
탁류 포구 배 띄워라

꽃가마 대신
똑딱선 타고

사비성
부여 꽃무덤 속으로
낙화하는
기생 금도

1) '차꼬'를 말함, '차꼬'-두 개의 긴 막대기를 맞대고 그 사이에 구멍을 파서 죄인의 두 발목을 넣고 자물쇠를 채우게 한 옛 형구.
2) 방안놀음과 등급시험에서 좋은 성적을 받고 활동을 하던 장금도는 소화18년(1942) 권번이 폐지되면서 정신대에 끌려갈 위기에 처했다. 정신대로 끌려가는 것을 피하기 위해 장금도는 시집을 가게 된다. 『민살풀이 명인 장금도』(한효림,2005, 연세대학교 대학원 사회체육과)

파도는

파도는 파도를 넘어서지 못하고
출렁일 뿐이다 세상 포구에 부딪혀
산산이 깨어진 허무 서해 노을 속에 불타고
시집살이 눈치살이 심장을 꾹꾹 찔렀다
기생 치맛자락 남몰래 훔쳐 잡아도
흰 버선 걸음 사이로 속잎이 삐죽였다
시어머니 매눈이 쭉 찢어 패댕이친
오른치마 치맛단을 움켜쥐고 울었다
이 떨림 흰 손 춤만 추었지 언제 바느질을
어머니 보고 잡소 친정 데려다 주시오
속울음 꿰맨 가슴 실밥이 툭 툭 터졌다
해방만 기다렸지 집에 보내준다 혀서[1)]
호남평지 영글어가는 햇빛 따가움들도
제 아픈 대목은 밟지 않으려고
그리움 속 날개 펼쳐 맑은 눈 날아들었구나

---

1) "근데 나는 머리를 못 얹었어. 정신대 때문에 난 바로 시집가 버렸어… 충청도로 시집갔어… 충청도 부여… 딴 건 묻지 마… 근본이 나타나서… 그 집에서는 내가 소리 배우고 한 건 몰라… 남자만 알지… 근데 시집가서 본 게, 시어머니가 별로 너 치마를 한번 쥐어봐라. 근데 확 치마를 찢어버리더라고… 근데 난 바느질 안 해 본 사람인데 어떻혀. 하긴 해야 하는데, 중매한 할머니가 해방되면 집에 보내준데, 해방만 기다렸지."『민살풀이 명인 장금도』(한효림, 2005, 연세대학교 대학원 사회체육과)

수레바퀴 위에서

투명한 하늘빛도 한 겹 춤집을 덮는 그늘
들썩, 어깨춤인들 제 무게를 어찌하랴
오른발 왼발 까치발로 태극 속을 휘돌아도
발끝은 날개깃을 펼치지 못하고
만경 평야 끝없는 신작로 먼지 길을
인력거 수레바퀴 위에서 금도는 슬펐다
요릿집 붉은 불빛이 예기를 호명하면
처음엔 인사치레로 단가를 띄우고
취흥이 육자배기 흥타령을, 끝머리에 살풀이춤
국극단 수레에도 몸을 올려 보았지만
창극 때 안 나오는 울음 울어라 하고
채맞은 생짜 때 안 나오는 웃음 웃어라 합디다
길거리 따가운 눈 쏟아지는 눈물은
세상 가장 더러운 기생 베갯잇 속에 묻고
판소리 다섯 바탕을 품고 춤가락을 키웠다[1)]

---

1) 집안 형편이 어려워 12세에 권번에 들어가 이명곤(이기권 씨 조카)에게 단가를 먼저 배우고, 이기권(심청가), 민옥행(흥부가·적벽가·수궁가), 김준섭(심청가·춘향가) 등에게 판소리 5바탕을 배운 후 이운주(남자)에게 가야금을 배웠다.「장금도 민살풀이춤 춤사위 분석」(서정숙, 한국예술종합학교, 2008)

매달린 여덟 식구

해 아래 새것은 없나니 하루도 낡아가고
마지막 남은 그리움 한 바작을 쏟아
서낭당 너머 너머 지친 걸음 노을빛도 쉬게 하라
매달린 여덟 식구[1] 검은 기둥 그림자 사이
남폿불 아래 신을 벗어 놓고
갈비뼈 몇 조각 부리는 쪽마루 삐걱거림
내 안에서부터 무너져 내리는 소리
비켜설 마음 한 조각 온기도 없이
허무의 속 빛 모든 멈춤 비탈에 몰렸다
조금 사리[2] 파도 위에 저를 벗어 놓고
한때만이라도 뜨거웠던 눈빛으로
하늘도 한 줄기 숨을 긋는 이승 끝에 섰는가

---

1) 전쟁 때 병석의 오빠가 죽고 학도병 나간 남동생이 전사해, 외할머니, 어머니, 큰오빠 애 둘, 사촌오빠 애 둘, 여동생, 아들, 여덟 식구가 모두 자신에게 매달렸다. 『노름마치』(진옥섭, 생각하는 나무, 2008)
2) '조금'은 조수 차이가 가장 작을 때/ '사리'는 조수 차이가 가장 클 때.

불꽃 위에서

환장하게 아름다운 노을빛 저편에서는
누군가의 하루가 곪아서 터졌으리
아들놈 하나를 위해 세월 속에 숨어 버린 춤[1]
긴 침묵은 흙 마당 먼지 속에 주저앉았어도
한 장단 먹고 한 장단 기다리는 눈빛
울타리 햇빛을 딛고 서서 태양의 눈물을 닦았다
엷고 하잖은 미물의 가슴 속일지라도
뜨거운 속삭임으로 씹고 씹어 저를 삼킨
진주알 투명 속에는 검은 문이 있다
솥뚜껑 어깨 눌러 우는 무쇠솥 아궁이
푸른 불꽃 위에서 저를 불사른다
금도는 흰 영을 불러 손끝으로 일어선다

---

1) 결국 나이 30세 때 장금도는 아들을 위해 춤을 작파하고 세상 속으로 숨어버렸다. "아들이 하나 있는데 집도 밥술이나 먹고 아들이 순사보다 무섭듭시다. 아들이 욕하니까 못 이겨먹겠어." 『장금도 선생 좌담』(2004.2.10. 팔레스 호텔)

흰 노란 파란

갓 터진 핏빛이 싸리문 우에 앉은
나비였구나 흰 노란 파란
세월을 넘나들어 와서 펄럭이는 환희
월남전 사선을 넘어 눈물 속에 생환한 아들
저놈 며느리 봐야지 나를 지워야지
어미는 사진첩 속에 기생 과거를 불태웠다[1]
꽃들의 슬픈 눈 맑은 깜박임 사이로
먼 노을길에서 서걱이는 분홍 그리움
그 푸른 소리마디들이 텅 하고 목숨을 던지는
시간의 무덤, 춤집 속에서 흰 날개가 돋았다
발 디딤 하나 없이도 생사의 강을 건너와
훨훨, 훨 날갯짓만으로 세상을 여는 춤 나비의 봄날이

1) 며느리를 맞기 전에 과거를 지워야 했다. 장롱 깊이 간직했던 사진첩을 꺼내 불을 지폈다. 아직 산 사람들의 푸른 젊음이 불 속으로 사라졌다. 『노름마치』(진옥섭, 생각하는 나무, 2008)

춤 마중

당신은 세월 저쪽 검은 그림자로 섰소
만지면 부스러져 재만 남는 허공
제 홑몸 어둠 깊이 밀어 넣어 춤 마중 보냅니다
가는 길 오는 길 출렁임으로 겹쳐
혼돈의 시간들이 소매 깃을 펄렁입니다
성운선[1] 장구 가락을 멀찍이 따라옵데다
그렇게 만경강 푸른 숨소리가
춤가락 속으로 흘렀을 줄이야
한 장단 눈을 감고 마주 선 영혼의 흰 꽃벽
물러남도 다가섬도 한 줄기 맞선 눈빛
맺고 맺고 풀고 푸는 한바탕 싸움판
따갑게 몰려든 세상, 침묵 깊이 부딪혀라

1) 국악인이며 장금도의 친구로서 장금도가 살풀이춤을 출 때 장단 반주를 하였다고 함. 『민살풀이춤 명인 장금도 춤에 대한 고찰』(한국종합예술학교, 한효림)

신시도 전설

홀로 꿈꾸는 자 항시 외롭것지
새만금 역사의 능선 위에 서서
신시도 전설을 낚는 어부 큰 날개 바람개비들아
소맷자락 끝에 펄럭이는 바람마저
뜨겁게 껴안아 깜박이는 불빛
세월의 흰 두루마리를 접었다 펼쳤다
생시로 무시로 지나가는 그리움을
허구헌 날 앞섶 가슴팍에 엥겨
어둠이 깊어갈수록 달궈 놓는 사랑인 것을
파도 위에 섰다가 하늘 위에 섰다가
흔들리는 마음 한가운데 찍어 서라
발끝을 희게 세우고 소라고둥에 귀 대어라
심청이 떠나려간 인당수보다 멀리
붉게 해 저문 그 아픔의 끝을
귓전에 부딪히는 바다꽃 신시도 슬픈 전설 아니것냐

금도여, 두 팔 들어 하늘 큰 춤 추어야 쓰것다

고군산군도-선유도 야미도 신시도 무녀도 관리도

장자도 대장도 횡경도 방축도 명도 말도… 예순셋 섬을 징검다리 멩키 훌쩍훌쩍 중국 대륙 만리장성도 건너뛰어라

  태평양 큰 파도 딛고 올라 초록별을 따야 허지 않것냐

흰 탑, 바람 불꽃 타올라라

눈도 귀도 영혼도 접고 접어 홀로 선 침묵
흰 소매 펄럭 춤날개 펼쳐라
월명산 흰 탑, 심장 소리를 터트려야 허지 않것냐
금강 탁류 건너 전망산을 보라
땅 깊이 산 높이 솟아오른 제련소 굴뚝
빼앗긴 조선 창공을 우짖는 검은 연기 아니었것냐
금도 은도 쌀도 아들도 누이도
털릴 것 다 털리고 내줄 것 다 내주고
일제의 수탈 현장, 군산 포구를 굽어 섰도다
세상도 세월도 우리네 인생도
피고 지는 꽃들의 한 겹 투명한 순환
애벌레 꿈지럭거리는 고달픈 독백 속에
삶은 피곤할지라도 아름다운 흔적인 것을
째보 선창 뒤안길 오고가다 만나서
싸구려 잔술에 취해 잠들던 남루, 노을빛도 깨워라
흰 백성 천둥소리가 탑을 세우지 않았것냐
안돛 바깥돛 틀어 묶어 하늘돛대 세우고
수시탑 바람 불꽃 뜨겁게 타오르지 않것냐

허심탄탄虛心坦坦 홀로 서라

시나위 바람 끝은 소리의 칼날이 된다
제 영혼을 쳐 가슴을 긋는다
피 향기 뚝뚝 앵도 떨어져 너에게 간다
사死의 핏빛 위에서 생生의 불빛을 밟는다
피리 젓대 빈 대 저 바람 끝인들
퍼렇게 날 선 검광 위에 맨살 바쳐 설지어다
떨궈 놓은 세상 꽃 저희끼리 피게 두어라
빈손 빈 마음 하나면 어쩌겄냐
긴 호흡 발부리 끝까지 채워 허심탄탄虛心坦坦 홀로 서라

2부 앞살풀이

희고 붉은 흔들림이

〈여무〉에서 공연한 민살풀이춤의 살풀이장단이 77장단이며, 춤의 구성은 도입→전개→발전→결말로 구성되어 있다.

전체적으로 〈여무〉는 처음에 인사로 시작하여 한 손은 서서히 들고, 다른 한 손을 들어 어르며 고요하고 잔잔히 움직이며 뒷모습을 보이지 않는다.

그리고 양손을 뒤집고 엎고 하면서 동작과 동선이 활발해지며 이내 날개사위로 숨을 멎는 듯 제자리에서 몇 장단을 먹고 있다가 다시 꽃봉오리 사위로 화려하게 장식하며 내재된 흥이 절정에 달아오르면 앉아 오르는 춤사위로 살풀이장단은 절정에 이른다.

다시 한 손과 양손 사위를 엎고 뒤집고 제자리에서 어깻짓으로 어르며 잉어걸이, 수족상응 등 여러 춤사위가 주로 구성되어 있음을 알 수 있다.

- 「장금도 민살풀이 춤사위 분석」 (서정숙, 2008, 한국종합예술학교)

인사

춤사위·1[1]

아그배꽃 홑잎 뚝 뚝 떨어뜨려
흰 버선발로 왔다 달빛은 제 깊이로
어둠 끝 풀벌레 울음소리 긴 매듭을 풀고
세월도 빈손 나도 빈손 양손 쭉 펴 인사
맑은 영 홀로 잿빛 어둠 속에서
둥그런 빛무리 모아 한 호흡 기다린다
배고픈 춤 마디 깊은 적막을 밀어
텅, 한 장단 먹고 고요를 흔든다
춤 깃은 사선을 그어 세월 한 겹 벗긴다
한 생명 큰 우주 춤집 밖에 홀로 섰다
해금 선율 위에 깨끗하다 흰 펄럭임
시작은 나를 잊으려는 몸짓 뜨겁게 타오른다

---

[1] 1~6장단 양손사위/ 한 손으로 시작하여 양손 들고 제자리에서 멈춘다. 「장금도 민살풀이 춤사위 분석」(서정숙, 2008, 한국종합예술학교)

흰옷

춤사위 · 2[1)]

툭, 뱉는 젓대 소리
속 빛 날개 한 잎

펄럭임도 없이 우뢰 번개에 닿다

깨끗함
마음 하나 홀로 선
하늘 옷
백성 옷

파랑 옷고름 맺고 맺힌
세월 안섶 그리움

피었다 지는 꽃잎 사위어 버리고

시나위
쓰리고 아린 능선 위에
손끝도 발끝도
함께 뿌려

⟨

바람 속으로 걸어가면 바람

햇빛 속으로 걸어가면 햇빛

제 자리
멈추어 서면
허공을
뚫는 침묵

---

1) 7~9장단 한손사위/ 수족상응과 잉어걸이로 걷는다.(위와 같음)

초설初雪

춤사위·3[1]

첫 만남은 모든 이의 눈물 맑음에 닿는다
편편翩翩 흩날리는 첫 눈발 속에 다가가
세상은 눈감게 하라 흰 청결 위에 홀로 서라
매화꽃 피어 한 땀 한 땀 꿰매는 하늘 잇[2]
푸름은 너의 민살을 다붓 감싸 안는다
꿈지럭, 가느다랗게 한 줄기 타오르는 숨소리
깊은 호흡 들이쉬어 내 안 영혼을 만나라
낡고 낡은 생의 뒷길을 따라가
흰 눈발 여윈 손끝을 폈다 접었다 엎고 뒤집어라
새 날빛 바스락, 바스락 까치발로
시나위 엇박을 툭 떨어지는 발끝을 모아
한국의 명무전[3] 솟을대문 빗장을 열었구나

1) 10~15장단 양손 엎고 뒤집는 사위/ 왼손 엎고 뒤집으면서 한 걸음 까치발로 걷는다.(위와 같음)
2) 잇 : 이부자리나 베개 따위의 거죽을 덧싸는 천
3) 정범태는 계속 숨으려고 하는 장금도를 설득해서 1983년 6월25일 국립극장 소극장에서 〈한국의 명무〉 공연에 세우면서 세상에 그를 알리게 되었다. 『민살풀이 명인 장금도 연구』(한효림, 2005, 연세대학교 대학원 사회체육과)

재 우에서

춤사위·4[1]

소리는 어둠 저 켠 잿더미 속에 있다
죽은 시간의 멈춤 위에서
생명은 저 하나 태워 흰빛이 보인다
목숨이 목숨의 손끝을 툭 떨어뜨려 닿았기에
솟아오르는 야윈 영혼의 눈빛
춤길이 타오른다 한 송이 맑은 여무_女舞_, 허공에 그린 세월[2]
 까치발 한 걸음 다가선 깊은 호흡으로
 한 손이 한 손에게 나 빈 손이오
 세월도 세상도 지나간 바람 소리뿐
 흰 옷깃을 타고 흐르는 가냘픈 떨림
 탁, 한 박 위에 깎아서는 얼음 조각
 세월의 너름새 한 잎 펄렁이는 맑은 영

---

 1) 16~18장단 한손사위/ 오른손 엎고 뒤집으면서 발 디딤새는 자유롭게 움직인다.(위와 같음)
 2) 축제의 땅 대표이자 무용평론가인 진옥섭은 〈여무(女舞),허공에 그린 세월〉 공연(2004)에 장금도 민살풀이춤을 무대에 올림. 『장금도 민살풀이 춤사위 분석』(서정숙, 2008, 한국예술종합학교)

섣달 동치미

춤사위 · 5[1]

겨울 동치미 둥둥 얼음 조각 딛고 섰다
볏짚 싸맨 독 검은 침묵 속에서
겨울잠 앉는 춤사위 깊고 깊은 무검질[2]
수퉁아리 속 차가운 생의 밑바닥까지
흰 발뒤꿈치들이 이승 끝을 차고 올라
장금도 민살풀이 흰 꿈 춤집을 열다
뒤안 먹감나무 묵은 가지 툭 부러지는 소리
여백을 딛어 내리는 흰 눈발 고운 목청
민화투 두부 내기가 이월 매조짝 홍단을 친다
찬바람 속에서도 한 끝발 그리운 것들
섣달 동치미 톡 쏘는 맛 이빨 시림이
세상을 한 획 긋어 털털하게 맑은 달을 띄운다
흰 눈 들이친 툇마루 고요 건너 어른어른
창호지 홑 문에 떨어뜨린 그림자
흰 사발 흰 소맷자락 받쳐 든 흰 나그네

---

1) 19~21장단 양손 엎고 뒤집는 사위/ 오른손은 이마에서 구부리고 왼손은 곧게 펴서 반복한다.(위와 같음)
2) '춤을 무겁게 잘 춘다'는 용어.

참연

춤사위·6[1]

한 줄기 실낱을 풀어 흰 몸을 던져라
순백의 영이 바람 끝을 타고
빈 마음 날개도 없이 무심 허공에 떴다
백지, 가는 연살에 입혀 방구[2]를 뚫었다
세월도 내 안 바람도 다 빠져나가라
더 높이 올라 흔들릴수록 팽팽한 침묵
달이 떠오른다 빈 세상 만 리 길
어느 발자국 소리도 없이 그늘만 맑은 대보름 밤하늘
연실을 뚝, 끊어 버리고 춤 깃을 턴다
다시 당겨 보는 생의 끈 삶의 흔적들아
가는 손뼈 마디마디 맺힌 아픔 놓아 주어라
희디흰 참연[3], 하늘 능선 푸른 어깨 위로 날려라
풀고 푸는 연자새 달빛 투명한 춤사위
생은 한순간 깨끗이 불타는 향기
멍 허니 홀로 서서 한 점 영원의 빛 소멸까지

1) 22-24장단 날개사위/ 제자리에서 어깨춤을 추며 양손 어깨 높이로 들고(오른손 손바닥 하늘을 향하고 왼손은 앞을 향한다) 오른손 엎는다.(위와 같음)
2) 참연(방패연) 가운데 구멍.
3) 방패연의 다른 이름.

노망 할머니

춤사위 · 7[1)]

봄도 왔다가 가는 길손
꽃도 피었다 지는 그리움
서편 구름 넓은 가슴엔
붉게 깃든 노숙자의 눈

서자리[2)] 윗집에 살던 노망 할머니 어디 계실까

갇힌 방 문살 속에서
똥을 싸고 똥을 바르고
섣달 바람 소리
나 꺼내 달라고

문고리 걸쇠를 흔들어대다 아득히 강그러지는[3)]

정신 잃은 할머니는
그 뒤로 집을 나가
돌아오지 않는
까마득한 침묵

추석 설 명절이 지나가도 슬픈 기다림뿐이었네

〈
산과 산이 만나
꽃 덤불에 장사했으면
산철쭉 붉은 낯으로
그 곱게 피었을까

깊은 강 그늘 속을 퍼렇게 울음 울었을까

세상은 모두 함께 추는 춤
너에게서 일박일보─泊─步 걸어 나오라
떠도는 자리 멈춰 서
치마 가득 받아 흰 꽃 피워라

세월아 니 속을 엎고 뒤집어 할머니 불러오라

1) 25~27 장단 한손 엎고 뒤집는 사위/ 한 손 엎고 뒤집으며 걷다 가 자리에서 멈춘다.(위와 같음)
2) '서재書재'라는 시인의 고향 마을, 시골스런 표현.
3) 기침이 너무 심하여 '자지러지는'의 뜻으로 사용되던 토속어.

오죽烏竹, 푸른 대꽃 피다

춤사위 · 8[1)]

오죽, 푸른 대꽃 피다
저문 벽강을 건너와
빈 마디 빈 마음 허공을 뚫고
이마에 모았다 펴는 꽃빛살

백 년
큰 춤

무심 세월 심혼心魂 천 길을 쪼개어
하늘빛 부딪히는 댓잎 푸른 절창
서편제 통울음 시김새로 꽃 비늘 터트리다

폭설 속에서도 세상 눈 뿌리쳐
흔들림 위에 강단剛斷 하나 딛고 서서
검은 대 고독한 선비 곧은 눈빛 맑았다

생生은 사死 위에서
사死는 생生 위에서
〈

한 뿌리 엉켜 솟구치는 하늘 영혼
백 년을 벗어나, 천년 부활의 아픈 춤 마디

1) 28~31장단 꽃봉오리사위/ 양손은 이마로 가져왔다 펴면서 까치발로 걷다 제자리에서 어른다.(위와 같음)

소지燒紙[1]

춤사위 · 9[2]

한 생을 다 살고 또 한 생을 위하여
꽃가지 끝을 디디고 선 흰 고무신
지상의 빗방울 소리 여백에 눈 뜨다
내 안 검은 줄기 뒤틀어 하늘을 여는 꽃태
희게 부서지는 너의 눈물이었음을
뿌리 끝 아픔들이 한없이 솟아올라서
내가 받들어야 할 세상도 사람들도
살구꽃 한 잎 무게로 가슴에 닿는다면
깨끗한 시작의 칼날 위에 다시 서리라
뜨거움을 넘어 맑고 투명한 빛무리
어깨춤 훨훨 저를 다 태우고
푸른 재 영혼의 기억 속까지 씻어서 텅 빈

---

1) 한지를 태워 부정을 가시게 하거나 신의 의사를 묻는 행위. 신령 앞에 비는 뜻에서, 얇은 종이를 오려서 불을 붙여 공중으로 날리는 일, 또는 그 종이.
2) 32~37장단 손사위/ 제자리에서 어깨춤을 추면서 손을 엎고 뒤집고 퇴전한다.(위와 같음)

불꽃춤

춤사위 · 10[1)]

불이 아니면 불을 넘어갈 수 없다
지상의 걸음걸이로 일박일보(一泊一步) 건널 수 없다
제 넋을 희게 불살라 하늘길 가는 불꽃 춤
맨발로 아픔으로 모든 기억들에게
손 내밀어 너울너울 한 줄 끈을 맨다
이승 길 끝에서부터 저승 길 시작까지
세월의 그늘 아래 거미 새끼 눈물도
휘엉 걸어 놓고 바람 소리 혼백을 불러
한(恨) 깊이 풍덩 뛰어 든다 몸도 마음도 죽었다
푸른 강가 풀잎들 날개사위 노 젓는 소리
한 생의 능선을 지나 다시 태어나는 불빛
뜨거운 생명, 부활의 환희로 활활 타오른다
제 영혼 한 개비 투명하게 불타고 나면
빛 위에 빛이 흰옷을 입는다
하늘에 닿는 외침, 소리 없는 기도 한 떨기

---

1) 38~44장단 날개사위/ 1박1보 앞으로 나오다 제자리에서 정면 보고 2장단 어른다.(위와 같음)

꽃보라

춤사위 · 11[1]

서 있는 것도 아닌 날으는 것도 아닌
제자리 어르면서 아름다운 춤 그늘
꽃보라, 영혼의 깊은 틀 껍데기 부서지는
너에게서 빠져나와 흩날리는 흰 무리
바람도 딛고 서서 소리도 딛고 서서
시간을 넘어 꽃, 소용돌이 바람개비 속으로
비늘 조각들이 펄럭 눈을 떠라
세상 속으로 빛을 펑 뚫어
무지개 바지랑대를 짚고 하늘 눈에 닿았구나
빨갛게 점 하나 파랗게 점 하나[2]
끝없이 돌아가는 우주의 물레 속에서
해시계 검은 막대기 끝에 춤 장단이 박을 친다
너는 나 안에 없다 나는 너 안에 없다
시간도 공간도 넘어 휘도는 춤 날개뿐
천·지·인 세 날개, 한 잎 호흡으로 투명한

1) 45~49장단 양손 앞뒤로 매는 사위/ 수족상응으로 걸으면서 퇴전하고 전진하다 제자리에서 어른다.(위와 같음)
2) 태극 이론에서 음양어태극의 양의 속의 점과 음의 속의 점을 말함.(다음 백과사전)

빨래터 앉는 춤사위

춤사위 · 12[1]

겨울 산도 부서져 떠내려 오는 봄날
빨래터 물 방망이질 깊고 푸른 메아리
햇빛도 더덩실 희고 고운 춤가락이 튄다

가는 팔목 어진 손들이 옷소매 걷어붙이고 뽀얀 살빛 넌출넌출 어깨를 타고 넘는다

묵은 때 시집살이 아픈 세월 깨끗이 부수어라

볏짚 콩깍지 벌겋게 태우고 남은 푸른 재 울안 샘 정한 물 맑게 띄운 잿물 한 솥

세상 옷 깊이 검은 침묵을 푹푹 삶아 빨아라

우러나는 질고 얼르고 얼르며 앉았다가 서서히 일어나 양손 어깨 위로 뿌려라 까짓것 엎고 뒤집어 탈탈 털어 푸진 봄볕에 널어라

생은 엇박자 향기 섞어 치는 춤가락

〈

　　가슴속 그늘 맺힌 한도 풀고 풀어 무명 홑저고리
날개깃 훨훨 하늘 끝을 날은다

　　1) 50~55장단 앉는 사위/ 제자리에서 어르면서 앉는다. 서서히 일어
나면서 양손 어깨 위로 들어 이마 앞으로 가져온다.(위와 같음)

희고 붉은 흔들림이

춤사위 · 13[1]

뎅그렁 뎅그렁 잠든 혼을 깨우느뇨
희고 붉은 흔들림이 상여를 메고 일어선다
달빛도 고운 상여는 활짝 핀 꽃상여

어어노 어허노 이 밤 상여 놀이[2] 어나리넘차 어허노[3]

양손 이마 꽃 얹어 꽃봉오리 춤사위
피리 젓대[4] 구음[5]은 상여 소리 불러내어
제자리 곱게 곱게 어르면서 어깨춤을 추는구나

어어노 어허노 하늘 나그네길 어나리넘차 어허노

큰 숨 한 번 못 쉬고 차운 장판 위에 누워
이불 홑청 속으로 하얗게 묻힌 까마득함
아이고 데고 지붕에 던진 육십 평생 흰옷 한 벌

구름 속을 흰 날개 펄럭펄럭 날아가셨나
마당 가운데 장작불 불꽃들도
퍼렇게 타올라 툭 툭 이승 밭을 떠나네

〈
내일이면 가신다 할머니 먼 길 떠나신다
굴건제복 아버지 쉰 목청 바스러지고
대오래기[6] 유대꾼[7]들이 빈 상여 메고 나선다

이제 가면 언제 오나 나락꽃 피고 지고
쑥국새도 쑥국쑥국 지랄도 퍽 헌다
감자꽃 돔부꽃도 저 들 건너 함께 갔다 함께 오자

어어노 어허노 만당[8] 너머 어나리넘차 어허노

독새기풀만 무성턴 천수답 하늘 논
조름지기 산두밭 우여 우여 새 쫓아라
달보다 허옇게 깨끗한 쌀밥 추석 쇠어야지

어허 유대꾼들아 한 발 한 발 맞춰 가자
좁디좁은 논두렁길 비탈진 밭두렁길
이승길 지나면 저승길, 노다 가세 노다 가세
〈

굿터굴 물배미 돌다리도 건너야지
선소리꾼 요령잽이⁹⁾ 지긋이 밀었다 당겨
흰 구름 물 건너가듯 발 조심 눈 조심

저 남산 큰 솔도 하늘 아래 푸른 지붕
그늘도 시원쿠나 잠깐 쉬어 가자
개똥밭 굴러도 이승은 꽃밭 참꽃 피어 햇빛 좋다

만장¹⁰⁾들아 바람 앞에 만사를 내걸어라
할머니 남긴 말씀 날던 새도 지지배배
한평생 일군 농토 황새굴 봄 보리밭도 휘날려라

생生은 무엇이냐 사死는 무엇이냐
맺고 맺고 맺힌 가슴 풀고 풀고 풀고 가자
어어노 어허노 원도 한도 어나리넘차 어허노

뎅그렁 뎅그렁 앞서가는 핑경 소리
선소리꾼 뜻 깊이 소리를 매기어라
이슬도 눈 뜨면 맑은 아침 이승이 아니든가

〈
저기 저 푀밭머리 서숙밭 누런 모가지들아
구경 좋다 하고 저승 구경하지 마라
활방죽 너머 못 오는 길 무지개만 고왔더냐

까치 까치 떼까치야 까치발로 걷지 마라
마당 가상 남새밭 장다리꽃도 노랗구나
저 꽃이 다시 피어 흰 나비도 다시 날라 올테지만

가자 가자 고샅길 함석 대문 지긋이 열고
시암거리 지나 서당께로 돌아들자
아니다 아니다 앞소리 잘 들어라 유대꾼들아

어허노 어허노 눈 감고 가자 귀 막고 가자
장작불 시들어 가니 마른 눈물까지 다 던져라
한 생을 돌고 돌아서 마당을 또 한 바퀴

가자 가자 하니 내 못 갈 것 없네마는
우리 장손자 박덩이 흰 얼굴

개성베 꽃 포대기 둘러업고 마실 한번 다녀옴세

어허노 어허노 상여 소리 잦아드네
십촌 이내 친척들아 건만 쓰고 건들건들
뭣 허냐 저승길 노잣돈 너울너울 걸지 않고

동산 아래 초가 주막 한 잔 먹세그려
등불도 없고 다홍치마 꽃도 없고
노잣돈 휑허니 풀어 놓고 혼잣술이면 어쩌것나

잘났어도 빈 손 빈 잔이면 어쩌것나
허옇게 찔레꽃 고운 향기 뚝 따다
빈 가슴 가득 채워 뜨겁게 한 잔 마셔 보세

생이란 빈 상여 달빛만 가득 꽃상여
길도 없이 가는 길 훨훨 바람춤
정문통[11] 배롱꽃도 하늘하늘 디어지게 피드니만

어어노 어허노 어나리넘차 어허노

〈
우리는 함께 피었다 함께 지는 흰 꽃
심장 한 조각 움켜쥐고 썩고 썩어도
흙으로 돌아가지 못하고 떠도는 향기들아

해방도 무색하게 삼팔선 하늘 저 끝
붉은 노을 속으로 인공도 왔다 가고
풀꽃들 피고 또 피어 흰 손 꺾어 쌓는디

한 세월 폭 살았으니 가야 허지 않것소
영감 가신 길 싸목싸목 뒤따라 갈팅게
산찔레 흰 꽃 살그멩이 눈뜨고 지둘리시오

어허노 어허노 저 맑은 평경 소리
밀었다 당겼다 이승길 저승길
빨치산 총소리 펑하고 영감을 잡어 간 소리

인공은 갔지만 다시 피는 붉은 꽃들
행여 왔다 가는 당신 핏발자국이었을까

제삿날 소지를 높이 사루어 그리움을 태웠소

인자 이 땅 것들은 다 잊어버리시오
원한도 슬픔도 아무것도 없소
저 하늘 저 천둥 한 번 치면 새 하늘 새 땅인 것을

저 바람 속에 넋을 풀어 저 햇빛 속에 묻힙시다
흰 뼈도 아니오 검은 그림자도 아니오
다시는 자식들 눈앞에 밟히지는 맙시다요

인생도 세월도 왔으면 되짚어 가는 길
어허노 어허노 어그렁 더그렁
저승길 다시 만나 웃어 웃어 우리끼리 꽃피어 봅시다

어느 세월이 놓고 간 울음꽃이길래
산으로 들로 쏟아져 피어쌓는 다냐
한바탕 들굿을 치고 둥 둥 불타는 구름아

앉은뱅이 제비꽃 너는 뉘 아픔이었드냐

흔들흔들 망초꽃 너는 뉘 그리움이었드냐
이 세상 한숨꽃 다 꺾어 다발 다발 묶어 가자

이 땅의 땅 끝 이 땅의 소용돌이를
이 땅의 슬픔으로 이 땅의 분노로
이 땅의 가장 깊은 바늘 끝으로 꿰매고 꿰매는 쓰린 소금밭

봄비 봄비 퍼렇게 석삼년 비를 맞고도
하얗게 얼어붙어 소금 기둥 되어 버린
이 땅의 모든 슬픔들아 모든 아픔들아

아침 이슬 풀꽃 바람 깨끗이 털어 놓고
훨 훨 가자 하늘길 손잡고 손잡고
해지고 해 뜨는 붉은 강 내일 또 내일 또 건너자

어허노 어허노 인정이 무겁구나
제자리 서서 뎅그렁 뎅그렁 얼러라
어어노 어허노 인생도 허무도 어나리넘차 어허노
〈

이 밤 자고 내일이면 아침 해 뚝 떠올라

하루도 가고 할머니 영정도 가시고

만장도 꽃상여도 활활 태워 하늘 가시는 길

마실길 돌아 돌아 어나리넘차 어허노

가는 세월 다시 오소 어나리넘차 어허노

말 못한 가슴애피[12] 뻥 뚫어 어나리넘차 어허어노

  1) 56~59장단 꽃봉오리사위/ 양손을 이마에 모았다 펴서 날개사위로 가져 간다.(위와 같음)
  2) 출상하기 전 날 상여꾼들이 빈 상여를 메고 풍악과 노래를 하면서 마을을 돌아다니는 민속놀이.(한국민족문화대백과사전)
  3) 각 지방, 지역마다 다 다른데 필자의 고향 정읍에서 어릴 때 많이 듣던 상여 소리 후렴구로 기억함.
  4) 민살풀이춤을 출 때 반주 음악 선율 악기, 피리와 대금.
  5) 민살풀이춤을 출 때 소리꾼이 음악 반주에 맞춰 소리를 계속 해 주는, 민속음악의 시김새 같은 역할을 한다고 볼 수 있음.
  6) 장례 전날 밤 빈 상여로 상여놀이 하는 정읍의 민속놀이.
  7) 상여를 메는 사람들.
  8) 필자가 초등학교 다니던 길에 넘어가던 고갯마루를 만당이라고 불렀음.
  9) 상여 앞에서 요령(평경)을 흔들면서 선소리를 매기는 사람.
  10) 죽은 사람을 슬퍼하여 지은 글, 또는 그 글을 명주나 종이에 적어 기처럼 만든 것. 장사 때 상여를 따라 들고 감.(동아새국어사전)
  11) 충신 효자 열녀 등을 표창하기 위하여 그의 집 앞이나 마을 앞에 세우던 붉은 문/ 여기서는 옛날 시골 고향에서 그 정문이 있는 지역을 통틀어 이르는 말로 필자는 기억함.
  12) 가슴앓이의 방언

삐비꽃 여윈 손

춤사위 · 14[1]

가을빛도 푸르고 아린 능선을 넘어
가는 길 다 가고 처진 새들마저
빈 둥지 햇빛으로 채워 너는 집이 없다
기다림만이 슬피 하늘에 던지다
그 여름 멱을 감다 빠져 죽은 어린 넋을
흰 손이 여위어 시리도록 검은 물속을 건져 올렸지만
놋 밥그릇 흰 쌀 속에는 머리카락 한 올 없다[2]
연방죽 흐레 속을 썩고 썩어 내렸을까
햇빛은 8월 눈 쨍쨍허니 니 새끼 찾으라니
이승 끝 태극 속을 까치발로 걸어 나오라
벌건 주검 사지 육신만 남겨 놓고
니 넋은 어느 구천길을 혼자 떠돌 것이간디
그대 춤결 훨훨 어미들의 깊은 한을
삐비꽃은 흰 소복素服 춤을 춘다 넋을 건지다
여윈 손 희게 부서지도록 가을 하늘에 흩뿌린다

---

1) 60~65장단 양손 교대로 앞뒤로 메는 사위/ 반원 그리면서 까치발로 걷고 태극으로 1박1보 걸으면서.(위와 같음)

2) 필자가 어릴 때 간혹 마을에서 여름에 어린아이들이 큰 방죽에서 멱을 감다가 익사하는 일이 있었는데, 무당(당골)이 죽은 넋을 건지기 위하여 놋그릇 속에 깨끗한 쌀을 넣고 희고 긴 천 띠 끝에 잘 싸서 묶어 방죽 물속에 던져 춤을 추고 굿을 한 뒤 건져서 그 쌀 속에 머리카락 같은 것이 들어 있으면 넋이 건져져서 구천을 떠돌지 않고 좋은 곳으로 갔다고 위로를 받는 민속놀이 같은 것, 이를 넋 건지기라고 하였음.

문풍지 날개

춤사위 · 15[1)]

안에서부터 가득 차 넘치는 바람 소리
흰 날개 한 잎 깊은 호흡으로
세상과 세상 사이 깨끗한 빛 투명한 뚫림

너를 열면 나가 있다
나를 열면 너가 있다

세월의 벽을 열고 닫는 여닫이
창호지 홑문 큰 시름 하르르 떠는 눈빛 앞에서

백골로 마주 선 검은 그림자의 독백
어린 동생 학도병[2)]의 전사 편지 한 줄이
너 춤 깃 푸른 옷고름 끝 방울방울 펄렁인다

아픔은 한을 쌓아
세상의 문을 닫고
문풍지 울음마저
숨을 막는 찬 밤을
〈

흰 눈은 한 올 한 올 풀어서
춤사위로 여는 아침

고아라 백의의 향기 지상의 벼랑 끝
문풍지 바람에 손을 씻는 햇빛
설백의 이승, 여윈 어깨 흔들림 위에 설풋 배인 눈물

  1) 66~72장단 양손 어르는 사위/ 제자리에서 장단을 먹으면서 어깨춤을 춘다.(위와 같음)
  2) 장금도의 동생이 6·25 때 학도병으로 나가 전사하였다고 함.(진옥섭 『노름마치』)

춤집

춤사위 · 16¹⁾

춤은 소경된 자의 눈 한 점 영혼에 이른
손목을 떨어뜨려 날개도 없는 민몸이
한 가락 아픔을 꺾어 불길 속으로 사위어 가고
툭, 떨구는 낙화 너 안의 꽃잎마저
애벌레 슬픔 한 줌 달빛에 이개어
정안수 여윈 손 착한 마음 닦고 닦아 지은 집
새벽이슬 맑은 눈망울 오래 참음을 지나
가난도 깨끗이 고운 백성들의 소리
연단은 소망, 흰빛 엮어 한恨의 고치를 지었구나
하늘은 투명하게 한 올 한 올 풀어 내리는
강설의 향기 속에 흰 생명 첫 눈발로
빈 손끝 침묵의 깊이로 찌른 아픔 너머 가느다란 떨림

---

1) 73~77장단 한손 어르는 사위/ 1박1보로 오른발 왼발 걸어나오면서 정면 보고 제자리에서 어른다.(위와 같음)

3부 자진몰이

은파에 심청연화 높이 솟아 꽃피어라

  살풀이장단의 느리고 애조 띈 가락으로 시작해 가락이 빨라지면서 자진모리장단으로 넘어간다.

  움직임이 가벼워지고 특히 하체(발 디딤)를 주로 사용하여 동선과 곡선을 사용하고 경쾌한 춤사위가 특징이며 신명과 흥이 나지만, 겉으로 몸을 많이 움직이지 않고 속박을 먹으며 잔잔하고 고요하게 안으로 움직임을 가지고 간다.

  제자리에서 지수거나 이동하면서 지수는 동작이 많고 양팔을 내리지 않고 들고 추는 춤사위가 주를 이루며 어깻짓으로 경쾌하고 활달한 움직임이 돋보이며 기마 자세로 제자리에서 멈추었다 다시 움직이는 춤사위는 민살풀이만의 특징이라고 할 수 있다.

  총 41장단으로 짜여져 있으며 7개의 춤사위로 구성되었다.

- 「장금도 민살풀이 춤사위 분석」(서정숙, 2008, 한국종합예술학교)

봄, 보리밭 밟기

춤사위 · 1)

입춘대길 큰 마당 햇빛도 가득 차서
삐그덕 밀어 여는 낡은 대문 소리에
봄보리 푸른 이랑이 시린 속가슴을 여민다
얼었던 흙덩이들은 부스러진 흙 가슴을
품에 꼭 끌어안고 다독여 보지만
바람은 들뜬 뿌리 끝을 가차 없이 파고든다
봄 들 모든 설레임은 밑바닥 마음까지
자근자근 밟아 다져 주어야 한다
이웃들 모두 다 울력2) 나와 푸른 목청을 꺾는다
겨우내 얼어붙었던 이야기들 껍질을 까고
흰 어깨 들썩들썩 부딪혀 가면서
옷깃은 날갯죽지를 펴 하루해를 끌고 간다
정월 대보름 맑은 들불 속을 지나와
성님 동상3) 이웃 간 뜨겁게 타오르는 인정
묶어 맨 머릿수건 희끗희끗 멀고 긴 보리밭 춤사위

---

1) 1~3장단 한손사위/ 오른손 뒤집으면서 왼쪽 측면으로 움직인다.「장금도 민살풀이 춤사위 분석」(위와 같음)
2) 마을 공동체에서 노동이 필요할 때 무보수로 서로 도와주는.
3) 형님 동생의 사투리.

배밭, 가윗춤

춤사위·2[1]

햇빛도 바람도 쾌청한 웃음소리로
오른발 왼발 일박일보—泊—步 제자리 먹고
양손을 활짝 펴 날으듯 멈춰 선 비탈길
겨울 날망을 넘어가는 만상배 과수밭에선
전지 가윗날 소리가 속세를 맑게 헹군다
꽃 맺힘 사이사이 솎아내는 묵은 가지 묵은 아픔들아
사다리를 타고 하늘 허공에 섰다
찬바람 소리 빈 나뭇가지에 매달려
흰 날이 속뼈를 부딪쳐 헛생을 떨구어 낸다
굳은살 어깨 능선 삶의 절정 위에서
몸 안에 잠겼던 세월 빈틈없는 검법으로
한 장단 마음에 채워 하늘을 긋는 칼날
회오리 눈빛이 태극으로 뻗친다
봄밤 흰 배꽃 흩날림 속으로
무검질[2] 흰 학이 달빛을 고요히 접어 내린다

---

1) 4~7장단 양손사위/ 양손 벌려 왼쪽 반원으로 걷다 제자리에서 먹는다.(위와 같음)
2) '춤을 무겁게 잘 춘다'는 용어.

앞 고라실 논 쟁기질 소리

춤사위·3[1)]

까치발로 일박일보_一泊一步_ 상머슴 소 모는 소리
하늘 청마루에 부딪혀 번득인다
고삐를 휙 낚아채는 손사위가 논을 간다
핑경 소리 앞들 햇살 속을 써래질하고
우로! 좌로! 워워! 날카로운 목청 끝이
보습날 밑 볏밥 생흙을 뒤집어 놓는다
일 년 농사가 땅심 속에서 돋아난다
세상도 세월도 깨끗하게 갈아엎어야
올가실[2)] 나락밭이 묵직한 황금 들판 풍년 농사
소를 몰아대는 농부의 어깨춤은
산만한 덩치를 휘어잡는 매운 손대[3)]
고삐를 늦추지 마라 묵은 땅을 기경하라
제자리 깊이 찍어 딛고 태극을 돌아 나오라
시간의 유산, 천년 고토_故土_를 갈아
춤가락 새 보습날 흰빛이 새 흙 새 살을 돋구어라

---

1) 8~16장단 양손사위/ 왼손 엎고 뒤집고 오른손 반복, 오른발 찍음새로 하며 까치발로 1박1보 태극으로 걷는다.(위와 같음)
2) '올해 가을'이라는 방언.
3) 화투 같은 놀이를 하고 이긴 사람이 진 사람 손목을 검지와 장지를 붙이고 아프게 찰싹 잘 때리면 손대가 맵다고 하였다.

호밀 풋대죽

춤사위·4[1]

물이 먼저 끓는다 한데[2] 남새밭 가상
대추나무 그늘 아래 양은솥을 걸고
그 여름 타작마당은 황금 보릿대를 태운다
팔팔 끓는 물 앞 박을 차고 튕겨 오르는 춤사위
맑고 흰 어깨가 세월 깊이를 부딪힌다
어머니 여윈 팔꿈치는 손 수제비를 던져 넣고
덤벙덤벙 떨궈나가는 속살들의 탄성
익어가는 호밀 죽 묽은 국물 속에는
희디흰 건데기들이 허기를 딛고 떠오른다
지난 생은 하루해 노을빛에 잠겨
모든 기억이 아름답게 물들고
가난도 모시옷을 입으면 까슬까슬 고왔다
그렇게 끓어오르던 호밀 풋대죽
배고프던 하루 자진모리 시절가조로
한 사발 깊게 넘치는 손가락 끝의 펄럭임

---

1) 17~25장단 양손 엎고 뒤집는 사위/ 양손 옆으로 펴서 어깨춤을 춘다. 제자리에서 좌우세하며 양손 뒤집으면서 하늘 향해 올린다.(위와 같음)

2) 사방과 하늘을 지붕이나 벽 따위로 가리지 않은 자리.

도리깨춤

춤사위·5[1]

매우 쳐라 되게 쳐라 보리타작하는 날
어머니 앉은 도리깨 아버지 선 장대 도리깨
한 손씩 감았다 퍼서 엇박을 휘돌렷, 내리친다
살다 살다 굳은 속내 응어리도 두들겨 패라
유월 햇살도 태극 속을 까치발로 걸어 나와
홍, 홍이 솟는 마당놀이 한판 천국이 저희 것임을
미숫가루 찬물 한 사발을 들이켜도
알곡만 남기고 튀어 나가는 땀방울
도리깨 매운 어깨춤 너머 누렇게 쌓인 겉보리의
황홀

[1] 26~28장단 한손씩 감았다 엎고 뒤집는 사위/ 태극으로 움직이며 오른손 왼손 앞뒤로 감았다 폈다 하면서 까치발로 걷는다.(위와 같음)

은파에 심청연화 높이 솟아 꽃피어라
춤사위·6[1]

시나위 삼분박 툭 햇빛을 꺾어 친다
부서지는 빛, 고뇌의 껍질을 깐다
명창은 구음 높은 소리 깃 날개를 터트린다
심청가 범피중류 둥덩실 아득한 점 하나
가는 길도 오는 길도 피었다 지는 생의 눈부심
서편제 깊고 아린 가락으로 은파에 심청연화 높이 솟아 꽃피어라
양손 하늘 받들어 어깨춤 한 송이
세상도 세월도 엎고 뒤집어 꽃피워라
이승도 저승도 뻥 뚫어 세상이 열리는

* * *

1. 해골섬 떠나려간다

(아니리)
너 어데 가느냐
가는 길 묻지 마라
끌려가는 몸

어딘들 어쩌랴
이놈아 빚 갚고 가야지
그 빚 갚으러
이 몸 팔았다 않더냐

저 꽃들도 저 새들도
바람 속에 집을 짓고
때가 되면 오고
때가 되면 가고
어느 날 내가 무거워지면
나를 놓아 버리거든

   쌀빚 돈빚 땅빚 아파트빚 중보기도 빚 어느 땡초의 공양미 삼백석을 쥬라기 공룡들이 다시 와도 짊어지고 못 일어날

   첩첩 몇 생을 포개어진 다랭이논 세월의 주름살 깊이 깊이 돌고 돌아
   〈

알바를 해도 날품을 팔아도 평생 못 갚는

아비 어미 대를 이어 삶이 되어 버린 빚
몸 깊이 굳고 굳은 내 안의 바위섬
나는 다 썩어 버리고 해골만 남아 떠도는 섬 하나

(진양조)
떠나려간다 둥 둥 북소리 속으로
허공중에 떠돌아도 고요한 흔들림
나란 나, 장사치들에게 던져 주어 버리고
바람 속에 나부껴도 햇빛 속에 또 물어도
끝없는 이승 길, 길도 없는 저승 길
세상 빚 한 톨 없이 인당수에 빈 몸 던지다
풍-덩-

(중모리)
너는 섬 한 잎 둥둥 외로운 흑빛 묵언 혼돈의 파도, 몸빛도 없이 마음빛 한오리도 털어 버리고 떠도는 검은 빛 하나가 소용돌이 저 끝 길을 뚫는다

〈

바람아 바람아 실바람 속에서 빛도 없고 색도 없고 끝도 없는 실을 뽑아 가는 길 풀어 풀어 물어 물어 찾아올 수 있을 거나

깨끗이 청산하고 탈탈 털어 빈손 흩날림

푸른 하늘에 점자 찍어 쓴 흰 구름 가을 빛 문서도 불태워 노을빛에 던져라

봄꽃 낙화 헛웃음, 붉던 잎도 제 생 한 줌 태를 묻고 흙으로 사그라들 것을 이름도 없었던 것들아 이름 없이 가는 것

너 펄렁이는 손 잎사귀 엎고 뒤집어서 햇빛 한 바가지 바람 시(詩) 한 깃 쓸쓸히 비워

두둥실 둥 둥 흘러라 북소리 큰 우주 속으로

2. 꽃·환생

(아니리)
바닷속인지 하늘에선지 북은 두리-둥 울리는디

(중중모리)
무엇이 떠 있는디 부연 해무海霧 속에서 저도 생물이라고 눈 뚝 떴다 감았다 흰 이빨 아금박허니 빙긋 빙긋 웃는 것이로되

희희번득 달항아리 깊게도 차올라서 향기도 꽃향기도 가득 넘실 고였는가

기우뚱 기우뚱 흔들려도 하늘빛 춤사위

저것이 팍 깨지면 세상도 깨지리 어느 깨끗한 손이 들었다 내부쳐 은파에 흰 물결 딛고 서서 심청연화 높이 솟아 꽃피게 하라
〈

폈다 오므렸다
숨 한 번 쉬었다 참았다

그 속에 노니는 것
그 속에 부서지는 것
그 속에 일어서는 것
그 속에 춤추는 것

심청의 마음이요 심봉사 눈이요 보여도 보이지 않는 세상사 한恨의 소리 어둠을 뚫고 부활하라 아침 빛무리

3. 눈 뜨다

(아니리)
이런 판에 꽃이란 꽃들 지 껍데기를 까고 까서

(자진모리)
속엣말로 피는 꽃 넉살 좋게 웃는 꽃 먹구름 속에 번

개꽃 번쩍 피고나면

  나락밭에 나락꽃 섞여 피는 피꽃 무밭에 장다리꽃 유두날 감자꽃 흉년엔 초근목피 칡뿌리도 분홍 보라 칡꽃을 넌출넌출 피우는디

  (휘모리)
  꽃 피고 눈 뜨고 꽃 피고 눈 뜨고

  눈 뜨고 꽃 피고 맺힌 봉오리 단단허니 한도 풀고 원도 풀고 가슴속에 피는 꽃 징허게 이쁜 꽃 대밭에 가서 소리 질러 대꽃 피어 웃는 꽃 바람 싹 불어 하늘에 피는 푸른 꽃 백 년 꽃, 하늘 눈 다 뜨고 우리 꽃밭에 작약꽃 모란꽃 세월도 활짝 눈 띄워 아장아장 걸음마 예쁘디예쁜 아기꽃 웃어도 꽃 울어도 꽃 똥을 싸도 황금 똥꽃

  선유도 야미도 신시도 무녀도… 예순셋 섬, 섬마다 쑥 솟아 아침 태양 천년 꽃

〈

(아니리)

해도 뜨고 달도 뜨고 세상 눈 다 떴구나 당신은 손끝 발끝 춤눈 확 뜨고 심청연화 세상 속에 높이 밝혀 건들 춤추어라

* * *

하늘도 파랗게 깊은 문을 열다
그림자 속에 갇힌 그림자들도
투명한 눈 끔벅끔벅 디디고 서서 꽃문을 열어라
보이지 않는 별들도 따끔따끔 맺힌 아픔
연민의 초롱 하나 툭, 터지는 밤하늘
낙화의 꽃잎 마디마디 실핏줄 끝에 붉은
생은 열림과 닫힘 까마득한 검은 빛
벽 앞에 서서 벽 사이로 흐르는 눈물
한시름 춤빛으로 번지는 황홀한 영혼의 감옥

1) 29~31장단 날개사위/ 세 장단을 머무르면서 어깨춤을 춘다. 두 장단 때 오른손 옆고 서서히 손 앞으로 모으면서 세 장단 때부터 서서히 정면 본다.(위와 같음)

나락[1] 비는 날

춤사위·7[2]

모든 손이 나와 앞들 나락을 빈다[3]
푸른 낫 속날이 희게 번득인다
하늘도 허리를 수그리고 나락밭에 들어선다
황새목 낫질 소리가 봄 못줄 자리를 탄다
어깨들은 출렁출렁 이삭들은 넌출넌출
황금빛 춤가락이 가을 햇빛 시김새 위에 흐느낀다
논배미가 터지게 농사가 잘 되어
한 마지기에 석 섬 여섯 마지기 열여덟
그 시한[4] 부엉이 우는 긴 밤 식구들의 양식
그런디 양식이 되지 못하고 슬펐다
장리[5] 빚에 쪼들려 일 년 치 빚을 갚고 나면
추수된 쌀가마니는 집에 오지 못했다
흰 눈발도 빈손 나뭇가지도 빈손
서로 마음을 내밀어 엎어보고 뒤집어 봐도
세상은 얼어붙은 채 가난은 외진 고독뿐
창호지 되창문 세상 문구멍을 뚫어
기역 니은 디귿 리을 글자를 쓰고 읽고
그 겨울 된바람 속에서 나는 더 컸다
그리고 아버지는 붉은 장단지 출렁출렁

앞들로 나갔다 나도 삽을 메고
농수로 물살 속을 붉게 포도쟁이가 되었다
그해 아버지는 또 나락을 빈다
포기마다 아픈 대목 밟고 밟아 깊은 흥을 불러내어
괜찮다 괜찮다 흰 어깨춤 들썩들썩 나락을 비었다

  1) '벼'를 이르는 방언.
  2) 32~41장단 한 손 엎고 뒤집는 사위/ 왼손 오른손 엎고 뒤집고 오른 손 내민다.(위와 같음)
  3) '베다'의 방언.
  4) '겨울'의 방언.
  5) 연 이자가 50%인 빚의 형태.

4부 동살풀이

부활은 가장 아름다운 생의 고독한 기다림

자진모리장단이 끝나면 동살풀이 장단이 이어진다.
동살풀이 장단은 대부분이 살풀이춤에서 볼 수 없는 장단이다.
동살풀이 장단의 총 장단 수는 48장단이며, 연행 시간은 1분 50초이고, 한 장단의 시간은 23초로 측정되었다.
춤 구성은 도입→ 전개→ 발전→ 결말로 구성되어 있다.

- 「장금도 민살풀이 춤사위 분석」(서정숙, 2008, 한국종합예술학교)

정중동靜中動

춤사위 · 1[1]

백 년 고독 두방숲 폭설의 그늘에 젖다
털고 일어나 하늘 끝에 서서
옥양목 저고리 다리밑발이 흰 날을 세운다
바스락바스락 세월 깊이에서
붉은 잎들이 손장단을 맞춘다
무겁게 춤집을 여는 노구 고목들의 검은 침묵
치마를 잡고 버선코 발끝 들어 비켜섰다
텅 빈 겨울 숲 가득 찬 여백의 공명
숨소리 한 오라기까지 빳빳한 눈부심
나뭇가지 위에 내린 하늘 뜻 하늘 소리
가냘픈 떨림으로 받쳐 든 푸른 결기
정중동, 맺고 어르고 풀어 타오르는 흰 불꽃 백의
의 춤 깃

---

[1] 1~8장단 한손사위/ 오른손 가슴 앞에서 들고 걷다가 제자리에서 멈추고 태극으로 걷는다. 「장금도 민살풀이 춤사위 분석」(서정숙, 2008, 한국종합예술학교)

설중홍시 雪中紅枾

춤사위·2[1]

붉은 고백 긴 침묵 허공에 걸려 흔들리네
빈 나뭇가지 평사위 어깻짓으로
제 몸속 떫음을 삭히는 가느다란 떨림
젊어 한때 봄 언덕 파랗게 끓어오르던
녹의홍상 고운 펄럭임도 떨궈 버리고
홑 가슴 심장 한 조각 깊이 껴안은 첫사랑아
사유의 울타리 밖 홀로 선 겨울 뜰
무겁게 쌓이는 백설의 어깨춤
깨끗한 하늘 언약 숨소리로 흰빛 순결에 닿다
다시 흩날리는 흰 눈발 날갯짓 사이로
떫음 속에 맺힌 그리움 실오라기도 풀고 풀어
설야의 붉은 등燈 편편片片 홍시 영혼까지 홀로 맑은

---

[1] 9~14장단 양손사위/ 오른손 이마 앞에서 왼손은 가슴 앞에서 양손 옆으로 펴서 제자리에서 어깨춤을 춘다.(위와 같음)

달빛 춤, 고요 만 리

춤사위·3[1]

불그락 푸르락 둥덩실
떠내려가는 한 잎 쪽배

나부끼는 생 한 획 사선을 긋어
떠도는 별, 부서진 영혼 안타깝게 빛나는

물결도 희게 검게 접었다 펼쳤다
흰 옷소매 젖는 메별秋別 시린 뼈마디 소리
초승달 짧은 날개 꺼내어 별빛 사이 노 젓는

손사위 엎고 뒤집어 이승의 날갯짓
어깨 깃 삐걱삐걱 저승의 날갯짓
은하수 밤 강물 안개 속 가도 가도 빈 길

가는 길도 없음을
오는 길도 없음을

무심無心 한 점으로 떠 맴도는 흑빛 회오리
달빛 춤 무한 깃을 펴 아름다운 고요 만 리

[1] 15~18장단 날개사위/ 양손 펴서 까치발과 1박 1보로 걷는다.(위와 같음)

허수아비의 꿈

춤사위 · 4[1)]

너는 꿈이 없느냐
서 있을 뿐이드냐

지상의 설원 흰 겨울 나부낌

아침은
모든 잠 속에서
잠을 털어
눈을 뜬다

날갯깃 펴 들고
까치발로 나오라

한 끼 허기 앞에서 제자리 장단 먹고

햇빛도
속 여울 둘레를 친다
따스한
빈자리

〈
서 있음의 명상
텅 빈 공허 속

철새, 철없는 날갯짓 내 안에 나를 듣는 소리

무심히
멈춰 선 하늘 그림자
맑은
정적

빈손으로 왔으니
빈손 민살풀이 허튼춤

흰 눈발 속으로 소맷자락이 흩어진다

마음은
가난의 끈을 풀어
투명 너머

빈 뜰 나그네

1) 19~26장단 한손사위/ 오른손 들고 태극으로 걷다 제자리에서 먹고 왼손 올렸다 내리면서 걷는다.(위와 같음)

처마 끝에 누워

춤사위·5[1)]

쌓인 눈 쌓인 세월
녹아 흐르는 혈루

그 속에 맺힌 차가운 세상 눈
더 깊이 허공을 찔러 투명함에 이른 통찰

찰라의 빙결 氷潔
마지막 외마디

뜨거웠던 탄성이 컥, 맺히는 아픔
햇빛은 흰 손을 씻어 내리는 핏빛 순결

무욕의 몸짓으로
흐르는 어깨춤 마디

겨울 중생들 모든 흔들림은
한 점에 중심을 닿는 떨림의 여백일 뿐

하늘빛을 뚫고

지상에 이르러

영혼 속살로 가득 찬 무지개
처마 끝 고드름, 땅을 디디지 않은 자의 뿌리 끝

1) 27~31장단 날개사위/ 제자리에서 양손 들고 어깨춤을 춘다.(위와 같음)

부활은 가장 아름다운 생의 고독한 기다림
춤사위·6[1)]

어름줄[2)] 위에 서다

흰 학 흰 빛이 어름줄 위에 퍼득인다
시나위 댓바람 칼날 위에 섰다
한 생이 아픈 듯 저린 듯 몸 깊이 깨치는
양 날개 접었다 폈다 올랐다 내렸다
빛이었다가 그림자였다가
바람 끝 소맷자락이 희끗 하늘 비늘을 벗긴다
모가지 짓으로 울부짖는 학수고대 鶴首苦待
줄은 흔들리는 외줄 이승 끝 천애고도 天涯孤島
검푸른 보석寶石 결정潔淨 속에 갇혀 소용돌이치는
파도 소리

자유

자유는 허공중에 가부좌 튼 무심
빈손 빈 마음이 걸어 놓은 눈 귀
무량한 소리 빛 너머 푸른 파문의 미소

하늘과 땅 사이 어둠을 뚫고 나와
새벽을 치는 빛, 부서지는 빗살무늬
겨울 산 설벽 서슬 끝에 제 영혼을 치는 종소리

정자나무 풍경 하나

얼마나 많이 걸어 여기까지 왔는가
눈은 한 걸음 앞으로 갔지만
마음은 뒤로 돌아가[3] 서 있는 정자나무 풍경 하나
꽃들도 먼 시간을 피워내는 붉은 투지
뒤돌아볼수록 그윽하게 어린 그늘
한 떨기 끊어내지 못한 일별一瞥의 나부낌이여
서 있는 듯 휘도는 듯 내 안에 맺혀 서서
느림이 빠름보다 더 무서운 어름길
농부가 한 대목 쉰 소리가 생의 능선을 넘는다
어름사니 미끄러운 어름길 위에
보이지 않는 날개를 주신 이여
그에게 감사하라 그에게 너의 길을 물어라

콩잎 청학[4]

춤집을 뚫고 나와 세상을 여는 콩잎
한 걸음 가야금 줄 우에 튕기어 서서
제 몸이 하늘 기운을 타고 빗방울을 소망한다
한바탕 쏟아지는 소나기 발뒤꿈치로
거문고 줄마다 이랑이랑 솟구쳐
초록 숨 툭 트이는 호흡으로 속잎 날개 펴다
잰 맵씨 고운 학 긴 다리 껑정 껑정
소릿줄 위에 서서 깊게 딛고 높이 뛴다
후두둑 흰 날개 접었다 폈다 하늘에 떴다
세상도 한 바퀴 세월도 한 바퀴
서해 파란만장波瀾萬丈 위에 날개를 뽑아
인당수 깊은 파도 푸르락붉으락 이승 끝을 날은다
한 숨 막 벌어지는 큰 꽃봉오리 태극점
노을빛 여울목을 빠져나와 깃을 터는 홍학아
부활은 가장 아름다운 생의 고독한 기다림
콩깍지 탈탈 털어 버리고 훨훨 하늘 날개 푸른
지리산 천황봉도 청학, 창공을 날아올라라

학 머리 길쑴허니 빼어들고 청운을 탔구나

푸르고 높고 깨끗한

새야 파랑새야 어느 푸른빛에 맺혀서
순창은 그가 잡힌 곳 정읍은 그가 일어난 곳
녹두꽃 푸지게 피었어도 아픔만 슬픔만 풍년
당차게 걸어 보라 질군악[5] 나가신다
작은 몸 푸른 녹두 파랑새 날갯잎
줄 위에 사람 없다 줄 아래 사람 없다
푸르고 높고 깨끗한 울음소리뿐
학은 울지 않는다 하늘이 울었을 뿐이다
긴 울림 맑은 허무를 쪼아 영원에 이른 흰 빛

1) 32~45장단 한 손 사위/ 오른손 왼손 교대로 올렸다 내렸다 하면서 양손 밑에서 앞뒤로 감고 오른손 든다.(위와 같음)
2) 어름줄타기는 일정한 거처 없이 유랑하면서, 민간연희를 담당했던 남사당패의 여섯 가지 놀이 풍물(농악)·버나(대접돌리기)·살판(땅재주)·어름(줄타기)·덧뵈기(가면극)·덜미(인형극) 중의 하나이다. 어름은 줄타기의 은어로 얼음판 같이 미끄럽고 위험한 곳에서 노는 놀이라는 의미이다. 어름줄타기는 장시 등 민중들이 많이 모이는 곳에서 연행되었다. 어름줄타기 연희자로는 어름사니(줄광대)와 매호씨(어릿광대), 악사가 있다. 악사 중 한 명인 매호씨는 줄 아래 앉아서 줄장단을 쳐주며 어름사니와 재담을 주고받는다. 어름의 줄판은 민간 마을의 넓은 마당에 차려지며 놀이판에 장작불이나 횃불을 밝힌 채 밤새 계속된다. 「남사당패 어름사니 조송자의 연희 세계」(이호승 서울오산고등학교)
3) 뒤로 훑기 사위 : 어름사니-매호씨! 이번엔 뒤로 한번 걸어 나가는데 앞으로 가다가도 아차하면 떨어지는 판인데 이놈은 뒷퉁수에도 눈이 달렸는지, 뒤로 한번 가보는 거렸다.(위와 같음)
4) 콩 심기 사위 : 어름사니-매호씨! 내가 이렇게 왔다갔다 놀고만 있을 것이 아니라 콩을 한 번 심어 볼 것인데, 호미로 땅을 파고 심을 것이지만 이놈은 발로 다 심되 이리 한번 심는 거렸다.(위와 같음)
5) 어름사니-이만 하면 내 재주도 바닥이 났으려니와, 그뿐만 아니라 이제 막판에 녹두장군께서 행차를 하신다고 여쭤라! 매호씨! 매호씨-네에이! 어름사니-이몸! 질군악을 몹시 치렷다!(위와 같음)

빈 빨랫줄, 투명한 뚫림

춤사위·7[1)]

긴 ------------------------- 끈
시　간　의　마　디　마　디
투　　명　　한　　뚫　　림
하늘 끝에서 하늘 끝으로 이어져
검은 침묵 속에 무한히 먹히다
여인아 핏줄을 열어라 치유 받지 않은 혈루
이승에서 이승으로 터지는 붉은 꽃밭
나를 안위하는 지팡이와 막대기 끝이
쉴만한 물가로 인도하리니 네 영혼이 소생하리라[2)]
여인아 겨울 갈댓잎 서걱임 위에 서라
손끝 시린 세상 눈치도 빨아 널어라
장금도, 붉은 부적 같은 니 이름도 곱게 걸어라

---

1) 6~48장단 한 손 엎고 뒤집는 사위/ 제자리에서 오른손 엎고 뒤집는다.(위와 같음)
2) 구약성서 시편 23편 2~4절.

5부 뒷살풀이

춤집을 태워라

동살풀이 장단이 끝나면 다시 살풀이장단에 맞춰 춤이 이어진다.
마지막 춤을 정리하는 부분에서 뒷살풀이 장단은 동작이 완만해지면서 제자리에서 호흡을 정리하는 동작이 주를 이룬다. 양팔을 벌려 정리하는 듯 제자리에서 어르고 마지막은 시작과 같이 인사를 하면서 마무리한다.
총 13장단으로 짜여져 있고 3개의 춤사위로 구성되었다.

- 「장금도 민살풀이 춤사위 분석」 (서정숙, 2008, 한국종합예술학교)

춤집을 태워라

춤사위 1·2·3[1)]

망월望月

금만경 큰 들 끝에 서서 불 깡통을 던진다
어깨춤 흰 소매 빙빙 날개를 펼쳐
대보름 밤하늘을 차고 나가 우주를 날은다
지상의 꽃들은 슬픈 날개가 있다
저를 벗어나 먼 별이 되고 싶은
제 안에 머문 시간들의 아픈 상처가
망우리야, 쏘아 올린 영혼의 외침을 뚫고
한 점 까마득히 불타는 별똥별
소멸도 영원에 스며드는 빛, 하늘 춤을 보라
불도 꽃도 사랑의 흔적, 태우고 사라지는 향기
검은빛 속에서 지상의 호흡으로
흰 춤혼, 생령을 불어 맑은 재 푸른 눈 뜬다

들불

마른하늘 구름도 걷어다 불을 지른다

푸른 목숨 꺾여 누운 덤불 속에서
벌레들 겨울 알집만 뜨거운 비명이것녀
흰 찔레꽃 붉은 마음 피었다가 지는 들길
허수아비도 헌 무명 베옷을
천수답 빈 하늘 끝에 던져 불태우고
가난도 세월도 한바탕 타고나면
검은 그림자의 푸른 독백 텅 빈 공허
논두렁 썩은 말뚝들도 저를 뽑아 춤추는 들판
큰 쇠 징소리는 노을 깊이 타들어가고
상쇠 꽹과리 날카로운 소릿날이
묵은 해 언 땅을 흔들어 잔설을 털어낸다
불길은 들 가운데 짚벼눌[2]을 타고 올라
하늘 메아지를 틀어잡고 패댕이친다
들불은 애들 함성까지 질러 절정으로 타올랐다
어린 시절 욕질로 퉤 퉤 뱉어 버린 하루가
 옹이 박힌 관솔 토막들, 속박[拍]을 탁 쪼개어 불붙인다
 다시는 돌아갈 수 없는 그 봄 아지랑이 고운 춤사위

춤집을 태워라

달집이 타오른다 너를 벗어 불에 던져라
네 혼을 꺾어 춤집을 태워라
흰 춤은 하늘 문을 연다 달빛 너머 깨끗이

1) - 1~6장단 한 손, 양손 엎고 뒤집는 사위/ 한 손과 양손을 번갈아 사용하면서 엎고 뒤집는다.「장금도 민살풀이 춤사위 분석」(서정숙, 2008, 한국종합예술학교)
 - 7~8장단 양손사위/ 오른손 들고 퇴전하면서 제자리에서 멈췄다 걸으면서 오른손 내린다.(위와 같음)
 - 9~13장단 날개사위/ 제자리에서 양손 벌렸다 앞으로 모았다 내리고 올리면서 인사로 정리한다.(위와 같음)
2) 볏가리의 전라도 사투리.

6부

한판 춤은 끝났다

한판 춤은 끝났다.

봄이 오는 길 위에서 다시 뚫어 본다. 흰 영으로 가득 차 있다. 장금도가 보이고 세상이 보이고 춤을 보았다.

할머니, 아프지 마라 이마 짚어 주는 따뜻한 손길 같은
어머니, 외갓집 가는 가벼운 발걸음 같은
조선의 춤, 흰 빛
장금도는 하늘에 스며들었지만 민살풀이춤은 영원하리라.

(시인의 말 중에서)

금강 철새 떼

그대 손끝에서 피어오르는 것이
햇빛뿐이것냐 달빛뿐이것냐
금강물 한 굽이 휘젓어 소맷자락을 펼쳐라
세월도 강에 이르면 깊은 물살 속에서
맑은 힘줄을 꺼내어 꿈틀꿈틀 흐르거늘
날개를 가진 자의 꿈이 하늘을 날지 않것냐
저 지평선 들 밖 구름도 숨찬 알몸생이로
푸드덕거리는 황포돛배 백 리 길을
노을도 만선, 가득 채워 붉게 출렁이는데
긴 다리 꺼억꺽 묵은 갈대밭 그늘 길
지아비도 지어미도 잦은 발걸음으로
사랑을 낚아채는 몸짓이 뜨겁지 않것냐
흰옷 파랑 옷고름이 서해 노을빛에 젖어
새 떼들 속에 까마득히 불타오르면
앞섶에 묻어 둔 그리움이 하냥 곱지 않것냐
너 안의 모든 눈을 손끝에 모아 떠라
훠어이 훠어이 허공중에 던져
무심히 떠돌다 가는 새 떼 울음소리를 건져라
내려앉는 것도 날아오르는 것도

발끝에서부터 손끝에 이른 춤사위
저 창공 검은 군무 속에 너는 홀로 외로울지라도
아름다운 것은 나를 잊은 망아忘我
강물도 흘러 바다에 몸을 풀고
하늘도 저를 다 내려놓고 끝이것냐 시작이것냐

만경강 철다리 우에서

겨울새들 바람집은 편안히 흔들린다
출렁이는 빛 검었다 희었다
흰 날개 펏득, 세월 속을 깊이 밟는다
영혼 맑음 물 그림자 제 무게는 다 버리고
깨끗한 슬픔 한 겹으로 흐른다
닻줄을 뚝 끊어내고 하늘 노(櫓) 젓는다
우리는 낡고 허름한 한 칸 간이역이었다
노을 저편 아무도 없는 외로운 섬집
한 잔의 커피 향기로 따뜻해지고 싶은 빈자리
만경강 철다리 위에 기차는 카페다
가던 세월도 돌아와 멈춰선 쓸쓸함
노을빛 풍경이 검은 강물에 붉은 육신을 묻는다
돌아올 수 없는 한판 춤은 끝났다
짧은 이별 끝에 펄렁이는 생의 허무
억새꽃 흰 손짓들만 강가에 꺾이다

한판 춤은 끝났다

한판 춤은 끝났다 타고 남는 것은 고요
검은빛 속에서 별티만 반짝이다가
아침은 모든 이별의 끝 맑은 눈 투명한 숨소리

아기단풍 몇 장 속잎이 뒤집히면서
신문지 사이 세상이 흔들리고
하늘도 지 영혼 바깥으로 퍼래지는 줄 알았는데

그대 가늘고 여윈 손가락 끝에서
침묵의 깊이 흰 달이 떠올라
들국화 꽃잎 보랏빛이 뚝 뚝 슬픔을 떨어뜨리고

바람도 햇빛도 저만큼 서 있어라
생은 절망의 꽃 끓어오르는 절정
열꽃이 다 지고 나면 부슬부슬 웃는 고독

모든 나부낌은 끝났다 쓰다 남은 햇빛만
묵은 나뭇가지 빈 날개를 턴다
지상은 텅 비어 맑음도 아무데나 꾸러 박고

〈

겨울 호수는 바람 위에 섰다
제 춤 날개는 제 영혼 속에 흘러들고
투명한 하늘 물빛 뜬 눈으로 꽝꽝 얼어붙었다

뒤집히는 물결 속잎 베어 먹는 달빛
하늘天 따地 검을玄 누루黃
새벽 강 하구에 이르러 반짝임 눈 하나

모든 움직임은 가는 길 위에 있다
나뭇가지 탁, 부러지는 소리
이별과 만남 고통을 받아들이는 허탈虛脫

빈 마음들의 흩날림 영혼 없는 껍데기
흰 눈 바스러져 빙결된 슬픈 찰나
시작도 끝도 한 방울 맺힌 흰 고독, 영원

끓는 마음 한 조각 하얗게 흩어져
허공에 뜬 신기루 문득 사라지고

흰 쌀밥 고스란히 뜸 든 아침 한 그릇

손가락 속에 끼어든 볼펜 똑딱거림
똑-딱-또-옥-딱 시간의 껍질이 부서져
흰 종이 가지 않은 길 위에 시의 발자국 같은

검은 모래바람 사하라, 날개를 펼친다
한 점 근원에서부터 뿌리를 뻗어나가
끝없이 지나가는 하루라는 그늘 속에서

낙타는 제 무게로 발자국을 남기지 않는다
외로운 독백의 향기 썩지 않는 신성
슬픔도 눈물 한 방울 맺히지 않고 푸른 하늘

눈빛 너머 지긋이 한 생을 살다 보면
속 것 참 것 가려 탓할 일 아니다
모두 다 껍데기드라 나잇살도 속껍데기드라

어젯밤 첫눈은 아침에 닿았다

지상의 모든 길은 이미 세상을 떠났다
벗어 논 흰 껍데기만 수부룩히 쌓였다

세상도 세월도 다 지나가고 나서
한순간 쌓인 아침 맑은 결정潔淨
별들도 토해 놓은 흰 숨소리 생의 무게를 털고

한판 춤은 끝났다 흰옷 파랑 옷고름도
지친 나부낌 삶의 한가운데
그립고 서러운 선 하나 이승과 저승 사이

흰 하늘 꽃

다시 눈이 내린다 흰 춤을 추어라
너는 뜨거운 첫 눈발 빈 허공 나부낌
시작은 실낱 끝 아픈 맺힘에서 풀어진다
그 흔한 사랑의 말빛 한 마디에도
고요 속에 깊이 뛰는 심장 소리
찔레꽃 마른 가시들도 흰옷을 입는다
겨울 아침 햇살 가는 핏줄을 깁는 여인아
흰 손바느질 맑은 기도 소리
깨끗한 펄럭거림이 눈 밖을 밟는다
어디서 왔느냐 어디로 가느냐
말 걸지 마라 눈치 보지 마라
길 위에 바람도 눈발도 벗어버린 춤 날개
맨발 붉은 발자국 마음에 접어 신어라
별들도 디디지 않은 백설의 슬픈 묵상
태초의 지으심을 입어 세상을 여는 흰 하늘 꽃

■□ 집필 노트

쓸쓸해 보이는 그대 뒷모습이
인생의 백미가 아니겠는가

1. 사족을 붙이다

 시집 「민살풀이춤」 집필이 끝났다. 시조 300수를 썼다. 쉬운 일이 있겠는가. 아프지 않고 외롭지 않고 하나의 예술 작품이 탄생한다면, 그것은 이 땅에 필요치 않은 껍데기가 되고 말 것이다.
 끝자락에 이런 글을 써서 붙인다는 것이 사족에 불과한 일이다. 그렇지만 부끄러움을 드러내는 시인의 심정을 헤아려 주면 고맙겠다. 또한 이 시집 안에서 가장 소중한 진실은 시인 안에 있기 때문이기도 하다.
 사족을 쓰면서 사족을 들여다보았다. 사족은 없다. 보이지 않는다. 뱀이라는 미물은 온몸이 족인 것이다. 온몸으로 움직인다. 시인도 그렇지 않은가. 꼬리에서부터 머리까지 온몸을 꿈틀거리지 않으면 한 치 앞도

나아갈 수 없다. 그렇게 사력을 다하여 저를 벗어나려 몸부림쳤기에 조금씩 성장한다. 그리고 시인은 한 권의 시집을 완성하였다.

2. 왜 시집 「민살풀이춤」을 집필하게 되었는가

 시인은 먼저 나온 시집 시조로 쓴 한량춤 「조선상사화」를 집필하면서 한량춤뿐만 아니라, 승무 살풀이춤 등 우리 전통 민속춤도 함께 공부하게 되었다.
 그때 살풀이춤이야말로 우리 민족의 가장 아름다운 민속춤이라는 깨달음에 이르게 되었다. 뭔가 사연이 많을 것 같은 여인이 흰옷, 소복素服을 입고 흰 수건을 들었다 놓았다 휘둘렀다 뿌렸다 하면서 한을 자아내는 모습은 가장 깊이 내재된 슬픔이나 아픔을 소리 없는 춤사위로 읊어내는 한 편의 서정시 같았다.
 그래서 한량춤을 음미하고 줄거리를 이어가고 호남의 문화 역사 풍물을 춤가락 속에 엮어가면서 이 힘들고 긴 서사적 작업이 끝나면 서정적인 살풀이춤을 시로 써야겠다는 생각을 이어왔다.
 그리하여 살풀이춤을 영상을 통하여 감상하고 많은

논문들을 섭렵하며 그 논리적 의미를 공부하던 중, 민살풀이춤이라는 충격적 춤을 만나게 되었다. 그것도 필자의 생활공간인 전북지역의 조갑녀(남원)와 장금도(군산)라는 당대 대가의 춤과 맞닥뜨렸다.

바로 이것이었다. 어린 시절 할머니들이 꾸밈없이 자연스럽게 추던 소박한 춤, 조선 한춤이 아니겠는가. 수건을 들지 않았다. 민짜 살풀이춤. 가장 전통적인 우리들의 춤이라는 허물없음 바로 그 자체였다.

가장 민족적인 것은 우리 생활 속에 있다. 가장 민족적인 것이 가장 세계적인 예술이 될 수 있다. 세계와 가장 다른 춤, 어느 민족도 흉내 낼 수도 없고 흉내를 낸다 해도 그 깊이에서 우러나오는 감성과 예술혼을 구현해 낼 수 없는 것이다.

겨울 찬바람에 온몸을 떠는 창호지 문풍지 같은 얇음으로 내 가슴도 떨렸다.

시조로 쓰자. 필자는 시조로 먼저(1988, 월간문학) 등단하고, 얼마 후 시(1992, 문학사상)로도 등단하게 되었다. 그런 연유로 시도 쓰고 시조도 쓴다. 특별히 시와 시조를 구분하지는 않는다. 모든 시인에게는 나름의 시태(내면적이든, 외형적이든)를 가지고 있을 것이다. 그렇게 필자는 형식이 자유로운 시 형식으로도 쓰고, 3장이라는 형식(시조)의 시를 쓴다고 생각할 뿐인 것이다.

시조로 쓰자고 하는 것은 우리의 가장 민족적인 춤, 민살풀이춤를 형상화하는 데는 그 형식도 가장 민족적인 전통시 시조로 쓰는 것이 내면적으로나 형식상으로나 잘 부합한다는 생각에 이르게 되었다.

3. 6부로 구성하였다

「민살풀이춤」 시집은 일제강점기 군산 소화 권번 장금도라는 한 기생의 '민살풀이춤'을 시조 300수 한 권 시집으로 묶어 낸다. 그리하여 전편의 시는 장단과 춤사위라는 하나의 끈에 줄줄이 연결되어 펄럭인다.

집필 방법은 (〈여무(女舞),허공에 그린 세월〉 2004년 공연)에서 연희된 장금도의 민살풀이춤을 「장금도 민살풀이춤 춤사위 분석」(서정숙, 한국예술종합학교, 2008)[1]

---

[1] 논문 저자인 서정숙님에게서 이 논문 인용에 대한 사전 허락을 직접 받았음을 밝힙니다.

의 논문에서 분석한 139장단 33춤사위를 바탕으로 춤사위 하나에 시 한 편을 1:1로 대응시켜 집필하였다.

이 시집은 총 6부로 구성되었는데, 2부 앞살풀이, 3부 자진몰이, 4부 동살풀이, 5부 뒷살풀이는 본래 연희되는 춤의 구성이고, 1부는 춤이 시작되기 전 세월 속 그늘에 묻혀 있던 기생 장금도의 인생사를 투영해 보았다. 그리고 6부는 모든 춤이 끝나고 난 후 모든 것이 끝났다는 쓸쓸함과 생의 허무 어딘가로 춤을 보냈다는 아쉬움이 섞여 감정이 여러 빛깔로 여울져 있지만, 다시 마지막 시에서는 빈 대지 위에서 장금도 이후 또 다른 전수자가 이 춤을 고스란히 전승하기를 소망하며 새로운 무희의 춤을 꿈꾸었다.

4. 꿈을 주렁주렁 걸다

가을 운동회 때 넓은 운동장에는 만국기가 펄럭였다. 우리들의 꿈은 그 만국기보다 높이 멀리 뛰어 올랐다.
장금도는 양팔을 수평으로 쭉 펴서 무겁게 하늘을 들어 올려 펼친다. 필자는 그 펴 든 양팔이 큰 산이 되기도 하고 푸른 파도 끝에 가서 수평선이 되는 것을 보았다.
 그 아름다운 능선에 포도송이가 숭얼거리듯이 우리 지난 날들의 농경 생활 속에서 나부끼던 땀방울도 시원한 바람결도 걸고 싶었다.

 (1) 1부 '그늘' 속에 몇 송이 등불

 일제강점기와 6·25, 민족의 비극을 관통하여 백성들의 보릿고개를 넘어 온, 장금도라는 한 기생이면서 가족 구성원으로서 가장 역할을 감내해야만 하는 천대와 가난과 책임 속에 얼룩진 생의 편린들을 몇 송이 등불처럼 걸어 보았다.
 춤을 묻어 버린 세월의 그늘 속에는, 흰 소금기둥으로 얼어붙은 자신의 내면이 흰 결정체 속에서 꿈틀대는 것은 무엇이었을까. 부모께서 지어 주신 집 이름은 가난 속에 묻어 버리고 기생으로 팔려가야 하는 운명으로 다시 받은 기생 이름 금도, 일제의 잔혹사 정신대에 끌려가지 않기 위한 궁여지책으로 시집을 가야만 하는 암울한 시집살이의 고달픔, 그런 속에서 작은 씨앗처럼 해방을 기다리는 여인의 아득한 꿈은 싹을 트기 시작하였다. 아들을 낳고 친정으로 돌아와 8

식구의 생계를 도맡아 요릿집과 잔칫집을 전전하며 춤을 춘다. 그런 중에도 어린 아들의 성화로 서른 무렵에 춤을 작파하고 세월 속에 묻혀 버린다. 그 아들이 장성하여 월남전에 파병되었다가 무사히 생환함과 아울러 장가를 보내기 위하여 자신의 과거인 기생 사진첩을 불태워야 하는 아픔을 겪을 수밖에 없었다. 세월은 흘러가게 마련이고, 부엌 아궁이에서 타오르는 불꽃을 바라보며 자신의 춤을 향한 한 떨기 빛이라는 것을 깨닫고 춤을 추어야 하는 숙명을 발견했을 것이리라. 국악인 친구 성운선의 장구 소리는 여름날 소나기처럼 뇌리를 때렸을까. 자신의 춤이 세상 앞에서 당당히 서서 그 세상과 싸움판을 벌여야 하는 가녀린 각오를 충전했을 것이다.

  무희는 역사의 현장, 현실 속으로 들어왔다.

  '월명산 흰 탑의 심장 소리'가 되어서 하늘을 향하여 수시탑 바람 불꽃으로 불타오른다.

  '삶은 피곤할지라도 아름다운 흔적, 째보선창 뒤안길 오고가다 만나서 싸구려 잔술에 취한 남루했던 사람들, 그들을 껴안고 잠들던 노을빛도 깨우'고 싶은 것이다.

  그리고 '새만금 역사의 능선 위에 서서 풍력 발전기

가 되어 신시도 전설을 감아올린다. 지상에서 가장 큰 둑으로 쌓아 올린 새만금 둑에 갇혀 묻혀 버린 신시도, 바다의 전설이 되어버렸음이여.

민살풀이춤이 빈손으로 허심탄탄 홀로 섰다. 드디어 장금도의 춤이 세상에 나왔다.

(2) 2부는 앞살풀이, 춤의 시작

정범태는 세상 속으로 계속 숨으려고 하는 장금도를 설득해서 1983년 6월 25일 국립극장 소극장 〈한국의 명무〉 공연에서 그녀의 춤 민살풀이를 만나게 된다. 세상에 그를 알리게 되었다.[2] 그리고 이어서 축제의 땅 대표이자 무용평론가인 진옥섭은 〈여무(女舞), 허공에 그린 세월〉 공연(2004)에 장금도 민살풀이춤을 무대에 올림[3]으로 장금도의 민살풀이춤은 세상에 서게 된다.

이렇게 하여 열리게 된 장금도의 춤 무대는, 처음에 인사로 시작하여 한 손을 서서히 들고, 다른 한 손을 들어 어르며 고요하고 잔잔히 움직이는 춤이 시작된다.

---

2) 『민살풀이 명인 장금도 연구』(한효림, 2005, 연세대학교 대학원 사회체육과)
3) 『장금도 민살풀이 춤사위 분석』(서정숙, 2008, 한국예술종합학교)

여기에서는 춤의 이미지를 형상화했다.

아그배꽃, 흰 버선발, 달빛, 흰옷, 초설, 동치미, 참연, 삐비꽃, 문풍지 등의 시어로 표상되는 색은 모두 흰색이다.

한혜경은 살풀이춤의 백색 옷에서 '백색'에 대하여 다음과 같이 논술하였다.

"백색은 흑색과 대조되는 색으로 태양광선을 모든 파장에서 반사됨으로써 나타나는 색이다. 백색은 어떤 색과도 조화되며 유채색을 돋보이게 하는 보조색으로도 쓰인다.

이와 같이 백색은 한편으로는 최고의 충족상태로서 모든 색채들이 첨가될 수 있는 풍요함의 종합체라 하겠다. 또한 가장 포용적이며 신성하며 청순할 뿐만 아니라 다른 한편으로는 불길함과도 관계되는 색이라고도 하겠다.

이러한 백색의 속성에 대해 김동욱은 반항성, 비타협성, 거부성, 포용성, 고귀성, 비애성, 고담성으로 풀이한 바 있다.('한국문화의 특성', 김동욱, 1983, 대학국어,)

다시 말하면 백색은 색상의 결여 즉 생명의 결여 상태도 내포하고 있다.

그러나 아직 생존해 본 일이 없는 때 묻지 않은 순

수자의 순결을 지니고 있으며 생명이 끝나버린 사자의 허무함도 지니나, 완전함도 지닌 그것은 죽은 것이 아닌 가능성으로 가득 차 있는 침묵이다.[4]

위 내용을 참고하여 필자는 시편들에 나타난 흰색의 의미를 몇 가지로 분류하여 정리하였다.

첫째, 청결의 이미지이다.
'아그배꽃 흩잎 뚝 뚝 떨어뜨려/ 흰 버선발로 왔다 (인사)'에서 아그배꽃은 우리 토종으로 야트막한 산에서 흔히 볼 수 있는 배꽃의 하나이다. 봄에 약간 파르스름할 정도로 희게 피는 꽃송이는 어느 넋의 환생이라 할 만큼 깨끗하다. '흰 버선발로 왔다'고 했다. 조선 여인의 이미지 그대로이다. 흰옷을 입고 좀 수줍고 청초하고 고요한 모습으로 한 발 한 발 내딛는 모습은 달빛보다 순수하고 청결한 이미지 자체이다. '깨끗함/ 마음 하나 홀로 선/ 하늘 옷/ 백성 옷(흰옷)'에서 보면 마음이 하나이기에 외롭고 고독해진다. 그 속에서 하나라는 의미 속에는 모든 것을 버림으로 얻어지

---

4) 「살풀이춤의 내면적 구조에 관한 고찰」(한혜경, 1991, 이화여자대학교 대학원)

는 성숙, 깨끗함에 이르게 된다. 그리하여 하늘 옷 백성 옷은 등가적으로 동일시됨으로 하여 곧 백성이 하늘이라는 가치를 획득하게 된다.

'첫 만남은 모든 이의 눈물 맑음에 닿는다/ 편편 흩날리는 첫 눈발 속에 다가가/ 세상은 눈감게 하라 흰 청결 위에 홀로 서라(초설)'에서 역시 청결은 모든 이의 눈물에 닿는다. 여기서 '세상'이라는 시어에는 두 가지 의미가 내포되어 있다. '세상'이 주어가 될 때에는 세상 자체가 아무것도 보지 말고 눈감고 기다리라는 권고적 의미가 있다. 하지만 '세상'이 '세상'을 눈감게 하라 라는 구별의 의미로 사용될 수 있다. 후자에서는 이 '세상'은 세속의 의미에 다가갈 수 있다. 그래서 첫눈이 내리는 밤, 온 세상이 깨끗함에 이르기 위하여 세속의 번거로움을 버리고 깨끗해지라는 것이다. 또한 '첫 만남은 모든 이의 눈물 맑음에 닿는다'에서 첫 만남은 첫눈이다. 이 첫눈은 청결의 표상이다. 처음이라는 의미 강화 속에서 처녀의 이미지도 포함한다. 즉 '처녀시', '처녀림' 같은 천지창조와 같은 시작의 엄숙함이다. 시작은 눈물 맑음에 닿는다는 것이다. 눈물은 내면의 정화이다. '깨끗한'은 겉치레뿐만 아니라 내면, 정신적 순화를 요구하게 되는 것임과 동시에 순결의 경지에 이르러야 하는 것이다.

둘째로 경건성의 이미지이다.
'장금도 민살풀이 흰 꿈 춤집을 열다/ 창호지 흩문에 떨어뜨린 그림자/ 흰 사발 흰 소맷자락 받쳐 든 흰 나그네(섣달 동치미)'에서 '흰 꿈 춤집을 열다'의 흰 꿈이 춤을 여는 것이다. 춤을 추게 함이다. 꿈은 프로이드의 이론을 반영하지 않더라도, 정신세계의 발로이다. 내 마음에 오랫동안 품고 간직한 바람이다. 가슴속에 꼭 끌어안는 정성과 따뜻함이 얼음장 같은 저 멀리에 서 있는 춤의 집 문을 열게 할 만큼 경건한 것이었다.

'창호지 흩문에 떨어뜨린 그림자'에서 보면 요즘 젊은이들은 많이 잃어버렸을지 모르지만 한옥 구조의 생활에서 모든 일련의 식사는 외부에서 방안으로 들여오는 것이다. 여인들은 추운 겨울 바람 속에서 방안으로 들어오기 전 창호지 문에 마주쳐야 하는 과정이 있다. 이때 그 모습은 한없이 조심스런 모습이었던 것이다. '흰 사발 흰 소맷자락 받쳐 든 흰 나그네'에서도 마찬가지로 동치미 한 사발 떠오는 겨울날 살을 에이는 추위를 함께해야 한다. 겨울 동치미 수퉁아리는 흰 눈에 싸여 얼어 있다. 그 얼음을 깨고

둥둥 떠오르는 동치미 무를 건져서 부엌에서 도마 위에 놓고 먹기 좋게 썰어야 하는 쉽지 않은 정성이 담겨 있는 것이다. 그렇게 하여 흰 사기그릇에 흰 동치미를 가득 담아 오는, 발걸음도 춥지만 조심조심 마루 위를 지나 방 안을 향하지 않으면 동치미 시원함을 맛볼 수 없는 것이다. 얼마나 독한 정성과 인내가 갈무리 진 창호지문에 어린 한 폭의 그림자였을까.

   셋째, 구도자의 희생적 이미지이다.
 '흰 몸을 던져라. 순백의 영이 바람 끝을 탄다'를 보면 자신의 몸을 던지는 희생이 순백의 영이 되어 바람 끝을 탈 수 있다. 바람 끝을 타고 순백의 영이 되어 하늘을 나는, 어쩌면 하늘 저편까지 날아가려면 나의 희생(죽음)의 과정을 거치지 않으면 불가능한 것이다.
 '떠도는 자리 멈춰 서/ 치마 가득 받아 흰 꽃 피워라'에서 여느 구도자(구원자)처럼 떠도는, 신화적 고난의 통과의례가 필요함을 엿볼 수 있다. '지상의 끝을 밟고 선 흰 고무신'을 보라. 지상의 끝은 이승의 끝이다. 이승의 끝, 다른 이름은 저승의 문턱이다. 죽었다 살아온 자를 일컬어 저승에서 살아온 자라 한다. 이승의 끝이나 저승의 문턱에 서 있는 자가 무슨

욕심이 있을까. 두려움이 있을까. 오로지 깨끗함만으로 구원에 이르려는 자기 설득, 세상을 위한 기도만이 한 떨기 꽃으로 불타오를 것이다.

'삐비꽃은 흰 소복素服 춤을 춘다 넋을 건지다/ 여윈 손 희게 부서지도록 가을 하늘에 흩뿌린다'에서 보면 흰 소복을 입고, 넋을 건지기 위하여 춤을 춘다. 구도자의 한없는 자기 부정, 희생의 모습이다. '여윈 손이 부서지도록'은 손바닥에 못 박힌 예수의 모습이 어른거린다. 얼마나 간절한 염원으로 춤을 추면 손이 부서지는 것일까. 그 손만 부서지는 것일까. 이미 마음은 하늘에 접수되었을 것이다. 멱감다 물에 빠져 죽은 어린 아들의 넋이라도 만나고 싶은 어미의 간절한 심정을 대신할 수 있을까. 위로가 될 수 있을까. 구도자 자신의 애닯는 희생뿐일 것이다.

넷째, 부활의 이미지이다.

이렇게 청결과 경건으로 구도하는 목적은 무엇일까. '세월도 빈손 나도 빈손 양손 쭉 펴들고 인사/ 맑은 영 홀로 잿빛 어둠 속에서/ 둥그런 빛무리 모아 한 호흡 기다린다(인사)'고 하였다. 무희는 빈손으로 돌아왔다. 그리하여 맑은 영 홀로 잿빛 어둠 속에서 빛무리를 모아 한 호흡을 기다린다. '호흡'이란 생명이다. 생명을 기다리고 있는 것이다. '생명은 저 하나 태워 흰빛이 보인다'라는 이 간절한 기다림은 생명의 잉태, 곧 춤의 시작을 의미한다. '빛 위에 빛이 흰옷을 입는다'(불꽃춤) 드디어 춤이 흰옷을 입는다. 이제 춤은 시작되었다.

'부활한 자들의 가장 아름다운 그림자/ 흰빛, 한 숨이 어둠 속에 섰다'(흰빛, 부활의 그림자)는 이 시집 전체의 머리에 있다. 흰빛은 부활한 자들의 가장 아름다운 모습이라는 강력한 메시지인 것이다. 신약성서의 "그 안에 생명이 있으니 이 생명은 사람들의 빛이라 빛이 어둠에 비치되 어둠이 깨닫지 못하더라(요한복음 1:4~5)"이라 하였으니 이 말씀을 상기할 필요가 있다.

이렇게 청결과 경건과 구도는 부활이라는 생명 작용에 이르러 장금도의 춤이 세월의 그늘 속에서 부활하여 다시 세상에 서게 된 것이다.

    불이 아니면 불을 넘어갈 수 없다
    지상의 걸음걸이로 일박일보－泊一步 건널 수 없다
    제 넋을 희게 불살라 하늘길 가는 불꽃춤

맨발로 아픔으로 모든 기억들에게
손 내밀어 너울너울 한 줄 끈을 맨다
이승 길 끝에서부터 저승 길 시작까지
세월의 그늘 아래 거미 새끼 눈물도
휘엉 걸어 놓고 바람 소리 혼백을 불러
한(恨) 깊이 풍덩 뛰어든다 몸도 마음도 죽었다
푸른 강가 풀잎들 날개사위 노 젓는 소리
한 생의 능선을 지나 다시 태어나는 불빛
뜨거운 생명, 부활의 환희로 활활 타오른다
제 영혼 한 개비 투명하게 불타고 나면
빛 위에 빛이 흰옷을 입는다
하늘에 닿는 외침, 소리 없는 기도 한 떨기

- 「불꽃춤」 전문

위 시에서 '불이 아니면 불을 넘어갈 수 없다 제 넋을 희게 불살라 하늘길 가는 불꽃춤'이다. 한 생의 능선을 지나 다시 태어나는 불빛 뜨거운 생명, 부활의 환희로 활활 타오른다 '하늘에 닿는 외침, 소리 없는 기도 한 떨기'인 것이다.

서정숙은 "그리고 양손을 뒤집고 엎고 하면서 동작

과 동선이 활발해지며 이내 날개사위로 숨을 멎는 듯 제자리에서 몇 장단을 먹고 있다가 다시 꽃봉오리 사위로 화려하게 장식하며 내재된 흥이 절정에 달아오르면 앉아 오르는 춤사위로 살풀이장단은 절정에 이른다."고 하였으니, 시조 38수로 이루어진 장시 '희고 붉은 흔들림이'에 이르게 된다.

'희고 붉은 흔들림이'는 큰 물줄기 장강과 같다. 생과 사 사이에는 강물이 존재한다. 이 강이라는 '사이'를 건너야 저승으로 넘어갈 수 있다. '푸른 강가 풀잎들 날개사위 노 젓는 소리'는 생과 사를 넘나드는 최후의 애닯은 배따라기이다.

'희고 붉은 흔들림이'는 정읍지역 민속놀이라고 할 수 있는 '대오래기'를 형상화하였다. 출상하기 전날 밤 빈 상여를 메고 아마 유족들을 위로하는 농경문화의 한 풍속인 것 같다.

이 시에서 필자는, 우리 생은 대오래기와 같은 '빈 상여놀이'일 수도 있음을 전달한다. 생은 무엇이고 사는 무엇이란 말인가. 상여에는 아무도 없다. 시신 없이 출상을 하는 놀이인 것이다. 이렇게 생과 사는 한판 놀이가 아닐까. 어쩌면 아름답게 승화된 한판 춤이 아닐까. 이 세상 살며 부대낀, 온갖 아픔도 슬픔도 굴욕도 두려움도 다 털어 버리고 자기가 살던 삶의 터전인 들판을 흔들흔들 지나가는 자연무위의 흩날림이 아닐까 하는, 그보다 생도 사도 구별되지 않는 장강의 물줄기 속에 함께 떠내려가는 시간들이었으면 하는 인간적 바램이리라. 아무렇지도 않게 이 지구에서 또 다른 별로 여행을 떠나는 기대 섞인 움직임이었으면 하는……

이런 무심의 경지는 인생 최대의 절정이라는, '한 생의 능선을 지나 다시 태어나는 불빛' 속에 '하늘에 닿는 외침, 소리 없는 기도 한 떨기'의 불꽃이라는…… 우리 생은 이런 순례자의 길이라는 것을 깨닫는 순간을 우리 민족의 민속놀이인 '대오래기'를 제재로 하여 생의 의미를 노래하였다.

(3) 3부는 자진몰이, 농가월령가처럼

이에 대하여 서정숙은 "살풀이장단의 느리고 애조 띈 가락으로 시작해 가락이 빨라지면서 자진모리장단으로 넘어간다. 움직임이 가벼워지고 특히 하체(발 디딤)를 주로 사용하여 동선과 곡선을 사용하고 경쾌한 춤사위가 특징이며 신명과 흥이 나지만, 겉으로 몸을 많이 움직이지 않고 속박을 먹으며 잔잔하고 고요하게 안으로 움직임을 가지고 간다."라고 말하고 있다.

이 단계에서 필자는 농촌에서의 농가월령가처럼 그 계절마다 행해지는 세시풍속과 같은 농경문화 속에서 춤의 의미를 되살려 보았다. '봄, 보리밭 밟기'에서는 울력 등의 농촌 공동체 의식, '배밭, 가윗춤'에서는 가윗날의 쇳소리를 기억하여 무희 몸속에 들어 있을 춤사위를 '검법'으로 비유하였으며, 농경생활의 중심이라고 할 수 있는 '쟁기질'에서는 소를 모는 일꾼의 모습이 들판 가운데 펄럭이는 또 하나의 춤사위를 떠올렸다. 또한 '호밀 풋대죽', '도리깨춤', '가을 벼 베는' 모습 속에서 아버지 어머니의 가난했던 삶의 궁핍함 가운데서도 이를 꿋꿋하게 극복해 가는 과정을, 농촌에서 함께 생활하는 것 같은 소박한 할머니 무희의 춤사위로 승화해 보고자 했다.

물론 '은파에 심청연화 높이 솟아 꽃피어라'는 심청전의 한 대목 범피중류를 패러디하였다.

위에서 말한 농촌생활은 가난의 악순환이었고, 그 한가운데는 '빚'이라는 삶의 바윗돌 같은 짐이 짓누르고 있었다.

그리고 현재에도 마찬가지이다. 영혼까지 끌어 모아

집을 산다는 젊은이들의 '영끌'이라는 현실어가 쓰이고 있는 형편이다. 그리하여 심청전에서 아버지를 살리기 위하여 공양미 삼백 석에 몸을 파는 심청의 '빚'을 현재의 '영끌'이라는 빚으로 비유하여 그 모든 것을 극복해 보려는 의지를 담아보려 했다.

그리하여 심청이 죽어 다시 연꽃으로 환생한 것처럼 우리의 현실도 다 던져 버리고 새롭게 거듭나는 꽃 같은 아름다운 생을 꿈꾸어 보았다.

(4) 4부 동살풀이, 춤의 백미

이 동살풀이에 대하여 한혜경은 "장금도의 민살풀이춤 구성을 살펴보면 동살풀이장단이 들어가는 부분이 있는데, 이것이 아주 특색 있다. 보통 살풀이춤은 느린 살풀이 – 자진모리 – 느린 살풀이의 구성으로 이루어진다. 이에 반해 장금도의 민살풀이춤에는 자진모리 다음에 동살풀이장단이 들어가 그 맛깔스러움을 더해 준다.

이 동살풀이 장단은 장금도가 도금선에게 배울 당시 서울에 갔다 온 도금선이 한번 넣어봐라 해서 생겨난 것이다. 장금도 민살풀이춤의 백미라 할 수 있는 부분으로, 여기에서 장금도의 절제되어 있으면서도 흥겨운 어깻짓과 잦은 발걸음을 볼 수 있다."라고 말하며, 또한 진옥섭의 말을 다음과 같이 인용한다. "도금선씨가 서울을 갔다 오더니 동살풀이를 넣자 해서 넣어졌어요. 이것은 해석적으로 얘기하자면 뭐와 같냐면 '더늠'이라는 거여. '더 넣는다'라는 측면에서 '더늠' 이것은 판소리에서 소리를 하다가 좋은 부분을 취했을 때 호응이 좋으면 계속하는 부분이 있는데, 판소리에는 더늠이라는 개념이 있어요. 장금도에게는 동살풀이라는 더늠이 선생의 의견에 의해서 장금도에 의해서 동살풀이가 넣어졌고 이것은 장금도만의 '더늠'이에요."[5]

  이 동살풀이가 장금도 민살풀이춤의 백미답게 시에서도 춤의 자기 자리를 잡아가는 매무새인 것 같다.
  '정중동'에서 '나뭇가지 위에 내린 하늘 뜻 하늘 소리/ 가냘픈 떨림으로 받쳐 든 푸른 결기/ 정중동, 맺고 어르고 풀어 타오르는 흰 불꽃 백의의 춤 깃'이라 하였다.
  가냘픈 떨림으로 하늘 뜻, 하늘 소리를 받드는 백

---

[5] 「민살풀이춤 명인(名人) 장금도 연구」(한효림, 2005, 연세대학교 대학원 사회체육학과)

의의 춤이다. 그리고 이 춤의 핵심 개념이라 할 수 있는 '정중동'의 의미를 '맺고 어르고 푸는' 흰 불꽃으로 형상화했다.

'겨울 중생들 모든 흔들림은/ 한 점에 중심을 닿는 떨림의 여백일 뿐(처마 끝 통찰)', '떫음 속에 맺힌 그리움 실오라기도 풀고 풀어/ 설야의 붉은 등 편편翩翩 홍시 영혼까지 홀로 맑은(설중홍시)'에서 보면 춤은 '떨림의 여백 속에 가느다란 나부낌이며, 떫음 속에 맺힌 그리움 실오라기도 풀고 풀어 영혼까지 맑아지는' 세상살이의 진토를 털어버리고 크리스챤의 청교도적인 기도와 간구로 영혼의 구원에 이르게 된다.

'무심無心 한 점으로 떠 맴도는 흑빛 회오리/ 달빛 춤 무한 깃을 펴 아름다운 고요 만 리'(달빛춤, 고요 만 리), '빈손으로 왔으니/ 빈손 민살풀이 허튼춤/ 흰 눈발 속으로 소맷자락이 흩어진다/ 마음은/ 가난의 끈을 풀어/ 투명 너머/ 빈 뜰 나그네'(허수아비의 꿈), '손끝 시린 세상 눈치도 빨아 널어라/ 장금도, 붉은 부적 같은 니 이름도 곱게 걸어라'(빨랫줄 투명한 뚫림)에서 춤은 무심에 이르러 가난에서도 자유로운 빈손도 털어버린, 눈치 볼 것도 없는, 그 이름도 부끄럽지 않은 세상 한가운데 선 것이다.

이런 인생의 경지는(장인적인, 혼을 불사른 예술적인, 삶에 대한 치열한) 책임으로 제 한 몸을 춤이라는 몸짓으로 삭이고 털어내고 이 땅의 모서리에 서서 애닯아 하는 자세에서 일궈낸 한 깃 아픔이라 생각한다.

흰 학 장금도 무희는 어름줄 위에 선다.(어름줄 위에 서다) 허공중에 가부좌 튼 무심(자유) 속에서 자유를 꿈꾸기 때문이다.

어름줄타기는 일정한 거처 없이 유랑하면서, 민간연희를 담당했던 남사당패의 여섯 가지 놀이 중의 하나이다. 어름은 줄타기의 은어로 얼음판 같이 미끄럽고 위험한 곳에서 노는 놀이라는 의미이다. 어름줄타기는 장시 등 민중들이 많이 모이는 곳에서 연행되었다.(이호승 서울오산고등학교)

얼음보다 미끄러운 어름줄 위에서 출렁이며 춤을 춘다. 어차피 인생이란 길이 어름줄같이 미끄럽고 위험하고 두렵고 살아내기 힘든 과정이 아니겠는가.

그런 중에도 한 번씩 '마음은 뒤로 돌아가 서 있는 정자나무 풍경(정자나무 풍경 하나)'이 되지 않을까.

살다 보니 많은 길을 왔다. 누군들 자기가 살아온 날들에 대한 후회도 하고, 어려운 중에도 잘 살았다.

자식들도 잘 키워냈다. 스스로에게 위안을 주기도 할 것이다. 그리고 자신을 뒤돌아보면서 저 멀리쯤에 서 있을 것 같은 한 그루 외로운 그렇지만 굳세고 씩씩한 정자나무가 아니었을까, 넌지시 엷은 미소도 던지리라.

자유를 꿈꾸는 자, 가장 아름다운 생의 고독한 기다림 속에서 '파란만장波瀾萬丈' 위에 날개를 뽑아 인당수 깊은 파도 푸르락붉으락 이승 끝을 날아 한 숨 막 벌어지는 큰 꽃봉오리 태극점, 노을빛 여울목을 빠져나와 깃을 터는 홍학은 콩깍지를 탈탈 털어 버리고 훨훨 하늘 날개는 푸른 자유를 얻는다. 부활이다. 흰 빛.

우리 모두는 춤추는 나그네다. 자기의 길을 끝없이 가야 하는 순례자이다. 그리고 마지막에는 나가 나를 벗어버리고 자유라는 천국을 얻는다. 춤은 나를 털어내는 가냘픔일 뿐이다. 나를 벗어나기에 그토록 힘들고 아팠기에 그 몸짓은 바로 가장 사실적이기에 가장 아름다운 예술에 이르게 된다.

미끄러운 어름줄에 서서 그 고독을 인내하고 아름답게 날개를 펼쳐 나는 자만이 자유인이 되는 것이다. 자유로운 영혼이 되는 것이다.

(5) 5부는 뒷살풀이, 하늘문을 열다

서정숙은 "마지막 춤을 정리하는 부분에서 뒷살풀이 장단은 동작이 완만해지면서 제자리에서 호흡을 정리하는 동작이 주를 이룬다. 양팔을 벌려 정리하는 듯 제자리에서 어르고 마지막은 시작과 같이 인사를 하면서 마무리한다."고 하였다.

이제 춤은 망우리 불, 넓은 들판을 태우는 들불, 자기 자신을 깨끗이 태워 버리는, 하늘문을 여는 불꽃이 된다.
'지상의 꽃들은 슬픈 날개가 있다 저를 벗어나 먼 별이 되고 싶은, 망우리야, 쏘아 올린 영혼의 외침을 뚫고 한 점 까마득히 불타는 별똥별 소멸도 영원에 스며드는 빛, 하늘 춤을 보라.'
'불도 꽃도 사랑의 흔적, 태우고 사라지는 향기 달집이 타오른다 너를 벗어 불에 던져라 네 혼을 꺾어 춤집을 태워라 흰 춤은 하늘 문을 연다 달빛 너머 깨끗이.'

이렇게 모든 춤은 끝났다.

(6) 6부 한판 춤은 끝났다

장단이 없는 고요 그 속에 모든 것이 불타버린 침잠.
모든 춤이 끝나고 난 후 모든 것이 끝났다는 쓸쓸함과 생의 허무 어딘가로 춤을 보냈다는 아쉬움이 섞여 감정이 여러 빛깔로 여울져 있지만,
'우리는 낡고 허름한 한 칸 간이역이었다 노을 저편 아무도 없는 외로운 섬집 한 잔의 커피 향기로 따뜻해지고 싶은 빈자리, 만경강 철다리 위에 기차는 카페다'
(만경강 철다리 위에서)

만경강 철다리 위에서 커피 한잔을 들고 회한에 잠긴다.
바람결 속에 스쳐가는 세월의 아린 맛을 지울 수 있을까. 위안이 될 수 있을까.

'한판 춤은 끝났다 흰옷, 파랑 옷고름도 지친 나부낌 삶의 한가운데 그립고 서러운 선 하나 이승과 저승 사이'(금강 철새 떼)

다시 눈이 내린다 다시 흰 춤을 추어라

너는 뜨거운 첫 눈발 빈 허공 나부낌
시작은 실낱 끝 아픈 맺힘에서 풀어진다
겨울 아침 햇살 여인의 기도 소리
별들도 디디지 않은 백설의 슬픈 묵상
태초의 지으심을 입어 세상을 여는 흰 하늘 꽃
(마지막 편, '흰 하늘 꽃' 일부)

다시 마지막 시에서는 빈 대지 위에서 장금도 이후 또 다른 전수자가 이 춤을 고스란히 전승하기를 소망하며 새로운 무희를 형상화하였다.

할머니, 아프지 마라 이마 짚어 주는 따뜻한 손길 같은
어머니, 외갓집 가는 가벼운 발걸음 같은
조선의 춤, 흰 빛
장금도는 하늘에 스며들었지만 민살풀이춤은 영원하리라.

5. 이 땅의 장강은 서해로 흘러들어

북한강도 남한강도 서해로 흘러들어라.

백마강도 금강도 동진의 푸른 줄기도 서해 노을빛 속으로 번져 서편제 서정시, 장금도 춤가락으로 물결쳐라.

'희고 붉은 흔들림이' '은파에 높이 솟아 꽃피어라' '부활은 가장 아름다운 생의 고독한 기다림' '춤집을 태워라' '한판 춤은 끝났다' 등 장편 시들이 서로 만나서 하나의 큰 강줄기로 흐르기를 소망한다.

우리 민족의 마지막 생인 '상여 소리' 속에서 꿈틀거리는 한恨과 징헌 그리움이 모든 아픔과 맺힌 고苦를 털어 버리고 심청연화로 피어나는 아름다움이기를 소망한다. 살다 보면 인생길은 어름줄 같은 위태로운 길 위에 서 있지 않았던가. 한시도 빤할 날 없이 시름시름 하루 하루 보내지 않았던가. 들판에 나가 들불 속에 나를 던져라.

우리 모든 삶이 한판 춤이라면 그 춤판도 끝날 때가 있으리라. 두려움 앞에서 두려워하지 말자. 넉넉히 받아들이자. 어차피 어느 한구석 비어 있는 모자란 생의 쳇바퀴 아니었든가.

툇마루에 무심히 서 있는 흰 배꽃 같은 여인의 모습이 아름답듯이 쓸쓸해 보이는 그대 뒷모습이 인생의 백미가 아니겠는가.

6. 장금도 민살풀이춤은

장금도 민살풀이춤은 수건을 들지 않고 맨손으로 추는 민짜 살풀이이다. 민살풀이는 진옥섭 전통예술기획자(2004, '여무女舞, 허공에 그린 세월' 공연 기획)에 의하여 붙여졌다 한다.

그때까지 여느 살풀이춤(한성준의 손녀 한영숙, 이매방, 김숙자 등)은 흰색 명주 수건(1.5미터 정도)을 들고 추었기 때문에 춤의 자세가 달랐다. 즉 춤 자체가 수건을 뿌리기도 하고 던지기도 하고 바닥에 놓고 어르기도 하기 때문에 춤을 추는 동안 손과 몸을 비트는 등의 동작이 나오는 데 반하여 민살풀이춤은 맨손으로 추기 때문에 그로 인하여 비틀거나 하는 무리한 동작이 없고 단아하고 깨끗하다. 그리고 두 팔을 쫙 펼쳐 들어 올릴 때 무겁게 하는데, 이는 반주 음악과도 관계가 있다. 반주 음악은 굿거리장단이 아닌 살풀이장단이 무겁게 흐르면서 춤이 가벼워지지 않게 한다.

이때 살풀이춤의 리듬은 살풀이장단이고, 가락은 전라북도 장단인 '시나위'(진옥섭) 선율이다. 이 시나위는 육자배기토리로 허튼가락을 연주하는 합주곡의 의미로 사용되는데 살풀이춤의 반주 음악으로 쓰일 때 '살풀이'라 불린다.(신은경)

특히 수건을 들지 않은 이유는 장금도가 군산 소화권번 시절 스승 도금선에게서 사사받을 때 경상도에서는 입춤 또는 덧뵈기춤이라 하여 수건을 들고 추었고 전주에서는 이를 살풀이라 하여 수건을 들지 않고 추었다.(1994. 7.10, 인터뷰)

장금도 민살풀이춤은 현장성이 강한 즉흥적 특성이 있다. 음악을 연주하는 반주자들의 그 날 흥에 따라서 선율이 길어지기도 하고 짧아지기도 하는 가변성과 아울러 춤추는 사람도 자기 흥에 따라 반주 음악을 밀기도 하고 땅기기도 하면서 춤가락을 이어간다.

이는 우리 전통예술의 뚜렷한 특성이라 하겠다. 전통춤은 정해진 틀 안에서 춤사위를 외워서 춤을 추는 것이 아니라, 자기 몸에서 저절로 자연스럽게 나오는 흥과 신명을 풀어가는 예술 행위이다. 장금도 춤도 이와 맥을 같이 한다.(살풀이는 승무 등의 모든 춤을 다 배우고 자기 스스로 자기 몸에서 나오는 춤이라 한다.)

장금도 민살풀이춤에는 여느 살풀이와 달리 동살풀이가 들어간다. 이 동살풀이는 그의 스승 도금선이 한 번 넣어 보라 한 것으로 장금도 춤의 백미가 되었다. 절제 속에 흥겨운 어깻짓과 잦은 발걸음을 볼 수 있다(한혜경). 판소리에서 '더 넣다'의 더늠이라고 할 수 있다(진옥섭).

장금도 춤의 또 다른 특성으로 춤의 태는, 살풀이장단에 맞춰 추기 때문에 무겁게 추며, 뒷모습을 보이지 않고, 춤출 때 몸은 반듯하게, 손가락은 곧게 펴고, 발놀림은 다소곳하게, 엉덩이가 빠지지 않게 한다(한혜경).

7. 맺는 말

장금도는 춤을 추고 시인은 시를 썼다.
바람은 물결을 출렁이게 하고 물결은 저도 마음에서 익고 익은 춤날개를 꺼내어 춤을 춘다.
나뭇가지가 흔들리고 내 마음이 속상할 때에도 세

상은 실컷 울어라 하고, 몸부림치라 한다. 이도 생의 춤이리라.

　나의 뜰을 거닐며 잠깐 뒤돌아볼 때 백양꽃들이 흔들린다, 맑게. 저도 한 송이 꽃을 피우기까지는 뿌리 깊은 고뇌와 설렘과 기다림이 있었으리라. 나의 뒤뚱거리는 걸음걸이도 한 송이 춤이었으면, 누군가가 보아주지 않더라도 스스로 아름다울 수 있기를 소망한다.